走进阳光地带

ZOUJIN YANGGUANG DIDAI

以文化人的校本叙事研究

王敏 著

天津出版传媒集团

天津人民出版社

图书在版编目（CIP）数据

走进阳光地带：以文化人的校本叙事研究 / 王敏著
. -- 天津：天津人民出版社, 2021.9
　ISBN 978-7-201-17624-6

　Ⅰ.①走… Ⅱ.①王… Ⅲ.①中小学教育—研究
Ⅳ.①G63

中国版本图书馆CIP数据核字(2021)第180120号

走进阳光地带：以文化人的校本叙事研究
ZOUJIN YANGGUANG DIDAI: YIWENHUAREN DE XIAOBEN XUSHI YANJIU

出　　版　天津人民出版社
出 版 人　刘　庆
地　　址　天津市和平区西康路35号康岳大厦
邮政编码　300051
邮购电话　（022）23332469
电子信箱　reader@tjrmcbs.com

责任编辑　苏　晨
装帧设计　明轩文化·李晶晶

印　　刷　天津中图印刷科技有限公司
经　　销　新华书店
开　　本　710毫米×1000毫米　1/16
印　　张　13.5
字　　数　130千字
版次印次　2021年9月第1版　　2021年9月第1次印刷
定　　价　48.00元

序

　　《走进阳光地带——以文化人的校本叙事研究》记录了一名平凡的小学教育人三十三年的个体成长史,生动的教育叙事跃然纸上,让我手不释卷直至读完。这是我学习、研究教育四十年来,难得的一次阅读体验!

　　掩卷沉思,初识王敏校长应在十六年前。当时汽车开始走进千家万户,学车也渐成时髦。也许是有缘,我们在同一时间选择了同一驾校的同一教练,成了"师兄妹"关系。那时她已是风湖里小学校长,而我在《天津市教科院学报》编辑部担任负责人,她向我绘声绘色地介绍"三园文化"。当我走进风湖里小学,立即对这位选择"以文化人"的小学校长刮目相看,从此又结下教育缘。本书凭借生动的教育叙事,使我对她的认识又上了一个台阶!学疏才浅的我之所以斗胆同意为本书作序,一是因为上述缘分,二是因为二十多年的老朋友南开区教育局原局长刘向军的举荐,三是因为被王敏校长的教育实践打动,四是因为对王敏校长坚持"以文化人"的肯定!

　　什么是学校?古今中外人们对此的界定,可谓众说纷纭。王敏校长出身于教师家庭,接受过教师专业训练,自毕业以来一直扎根小学教育沃土,从教育理论与实践结合的特有视角,把学校定义为:"以文化人"的特定场所。她理解的"以文化人",是教育者借助人类文化的精华形成的显性与隐性课程,通过由外而内、由内而外的教育手段,把一个自然的人潜移默化变为社会需要的全面、自由、充分发展的人的过程。因此,她始终把"以文化人"作为自己的行动依归:在担任外语教师与班主任时,她创造性地把当时还很少提的班级文化做得有声有色,与孩子们共同制定了班风、学风、班徽、班歌、班规。在校长工作岗位上,她始终把立德树人作为教育的根本任务,把"以文化人"作为教育的手段,把文化管理作为学校教育的最高境界。她先后在三所学校树立了"以文化人"的典范:在风湖里小学,依据"以爱育爱,体验成功,激发活力,共同成长"的办学理念,把学校的"三园文化"(陶冶学生情操的"花园"、自主探究的"学园"、个性发展的"乐园")发扬光大,让孩子在"三园"里快乐成长;在新星小学,她传承与发展"诗韵文化",做到了诗韵飘香满校园,把普通学校办得不普通;在天津师范大学南开附属小学(原南江小学),她传承家校合作传统,合力教育特色,让"和合文化"浸润学生,托起明天的太阳。

学校之良窳取决于教育研究之优劣。教育研究分为学的研究、术的研究,以及学与术结合的研究。早在20世纪初,著名学者严复就提出:"盖学与术异。学者考自然之理,立必然之例。术者据既知之理,求可成之功。学主知,术主行。"梁启超在《学与术》一文中指出:"学者术之体,术者学之用,二者如辅车相依而不可离。"蔡元培明确强调:"学与术可分为两个名词,学为学理,术为应用……学必借术以应用,术必以学为基本,两者并进始可。"然而,不知从什么时候开始,人们混淆了教育研究中学与术的分类,出现了把学的研究与学术研究混用的问题。其实,教育学的研究重在研究教育学理,即教育科学,其任务在于搜寻教育规律,为教育术的研究奠定扎实的理论根基。教育术的研究重在研究教育应用,即教育技术,其任务在于顺应教育规律,为教育学的研究提供实践基地与行动验证。教育学与术结合的研究,重在把教育学理研究与教育应用研究有机结合起来,一方面用教育科学指导教育技术,另一方面教育科学必须在教育实践过程中,从教育技术中汲取养分,到教育技术中加以验证、修正。本书字里行间透露出王敏校长作为一线教育实践工作者,精准地选择了最适合教育工作者的教育学与术结合的研究,经过日复一日的辛勤工作、年复一年的孜孜求索,最终结出了这一创新性硕果。

值得称赞的是,王敏校长自进入小学工作起,始终把小学作为自身专业成长的"大学"。在边教边管边学边思边研边写中,充分发挥教育行动者特有的学思用贯通、工学研结合、知信行合一等优势,坚持基于学生、基于学理、基于校本、基于问题,为行动而研究,在行动中研究,在研究中行动。发现问题,思考问题,采取措施,加以记录,不仅创造了独特、务实的教育成果,而且形成了鲜活、生动的校本叙事。

笔者曾在阅读大量名师名校长发展资料的基础上,总结出名师名校长发展的六大规律:自主发展律、环境利用律、阶梯成长律、教育创新律、师生互动律、群体聚集律。打开王敏校长的专著《走进阳光地带——以文化人的校本叙事研究》,可以看到,一路走来,她顺应名师名校长发展规律,立定远大志向,基于自知之明,敢于仰望星空,坚持脚踏实地,妙用教育环境,抓住发展机遇,做到抱团发展,勇于教育创新,逐渐拾级而上,最终成长为南开区乃至天津市的名师名校长。

冰心曾经写道:"成功的花,人们只惊慕她现时的明艳!然而,当初她的芽儿,浸透了奋斗的泪泉,洒遍了牺牲的血雨!"王敏校长的成功经验告诉我们,没有人能够轻易成功,在每个成功者的背后必然伴随着艰辛而持久的努力!希望王敏校长再接再厉,也希望读到此书的教育人,能够仰望教育家璀璨的星空,脚踏学校教育坚实的土地,手拉手、肩并肩、心连心,努力提高教育的科研含量,竭力提升教育的质量水准,共进阳光地带,同铸教育辉煌!

王继均

2020年3月8日

目　录

第一辑　师者之修

教书育人是一种修行。选择做教师，就是选择了更高的人生修炼境界。教师直接面对每一个正在生长的生命，因而教师个人的美好无论何时都弥足珍贵。教师只有真正做到以德立身、以德立学、以德施教，才能初心不忘，永怀赤子之心，育德、育智、育心、育人。

记忆深处的外师岁月

冬夜宁静,月色清凉,枕万般思绪,辗转反侧。此刻案头上一幅三十多年前的毕业照,引领我推开记忆大门,让我兴奋不已。因为书的开篇内容终于有了,那就是我记忆深处的校园岁月,那段经历很好地回答了我从哪里来、要到哪里去,这个哲学问题让我不忘初心,牢记使命,做教育的行者。

1985年我初中毕业,当时的中考分数可以顺利进入一所理想的市级重点中学,但是我很执拗,"哭着喊着"一定要报考师范学校。我记得很清楚,第一志愿报考的是天津第二师范学校,因面试成绩不佳被淘汰。就在我沮丧万分的时候,妈妈的老同事王伯伯告诉我们一个好消息,他所在的学校已经更名为"天津市外国语师范中等专业学校"(下文简称"外师"),已经是第二年对外招生了。听到消息后我欣喜若狂,觉得这就是上天特意的安排,因为我从小就想当一名英语老师,面试顺利过关,开始了三年的师范学习。

之后能够成为一名好老师,我真的要感谢外师严格的校风、创新的办学理念和优秀的教师队伍。外师的很多教师都是专业上有成就、有影响的教育行家,他们不仅业务棒,而且研究小学教育,熟悉小学教育规律。课堂上他们深入浅出,循循善诱,把真真切切的期待聚为飘落的粉笔灰,把满腹的才学写进了厚厚的教案,把无声的真情化作了段段批语……课下他们与学生畅谈理想,虽然三十多年过去了,但他们的面容与教诲在我的脑海里依然清晰。

外师的校长每天清晨都会站在校门口,笑容可掬地迎接我们,查看我们的校服、发型是否符合校规,三年时间从不间断。教了我三年的班主任王广浩老师,带着我们33名个性不一的小女生披荆斩棘度过三年的师范生活,他教会了我们要尊重教育的规律,教师、学生的成长规律;英语老师赵素清、夏晓明、赵明远,他们流利的口语、优美的语调、沉浸在课堂教学中的那种状态和激情,感染着我、引领着我、激励着我,为日后成为一名合格的英语教师努力学好英语。在他们的鼓励下我每天都主动参与"Daily English"的操练,练习语音、语调,锻炼胆量,慢慢地我变了,变得活跃,变得愿意表现,变得主动争取各种机会展示自己。还有团委刘庆婷老师,教会我如何开展好团的工作,如何搞好团的活动,因此就有了知识问答竞赛、辩论赛、志愿服务等特色活动;我最应该感谢的是教体育的杨老师(实在想不起来杨老师的名字了),瘦瘦高高的,很帅很酷,虽然脸上不露笑容,但我们每一个人的体育状况他都装在心里,他不会挖苦体育技能不好的学生,他会对体育技能好的学生更加"苛刻",现在想起来,这就是体育课的"分层教学"吧。他总是鼓励我们这些体育"小白"不放弃、不气馁;他会帮助我们这些体育"小白"练习技能技巧,健美操考试时,虽然我们这些"小白"姿势不优美、动作也不是很协调,却很认真,每一个动作都很用力。杨老师表扬我们,让我们这些体育"小白"看到希望,让我们没有放弃对体育运动的热爱,以至于现在我养成每天坚持慢跑和快走的运动习惯。

外师的校园文化活动也是多姿多彩的。学校为了让我们这些"不专业的人"变得"专业",创新性地开展了很多活动。从入校初期的中英文演讲比赛、歌咏比赛、板报比赛、英文打字比赛、英文歌曲比赛、English Corner(英语角活动),到毕业前期的板书比赛、教案比赛、说课比赛、上课比赛和辩论赛。各种赛事让我们有了展现自己的舞台、锻炼自己的平台,让我们离专业人标准越来越近,这都是教师专业化发展的必备能力。

　　三年的师范学习生活,让我有了"华丽"的蜕变。上初中时我不爱讲话,也没有什么特长爱好,而且还是一个体育"小白"。但是通过三年的师范学习生活,我蜕变了,变得爱说话了,变得爱参与活动了,我由一名"小白"蜕变成一名团支部书记,我会争取各种机会展示自己。这些老师发掘了我的潜能,现在再回想起这些,心里充满了无限的感激。我也是从那时开始真正体会到什么叫"全面发展",什么叫"能力本位"。我特别赞同学者们这样评价师范教育的:师范学校作为教师的培养基地,是中国教育的"绿洲"。真诚地感谢这些在我的事业起航中遇上的好老师。他们在我三观形成的过程中起到至关重要的作用;他们为我的专业发展奠定了坚实的基础;他们在我的"教育观""教师观"形成过程中起到了潜移默化的作用,为我日后成为一名老师夯实了知识与技能基础,打牢了教书育人的根基。

父亲是我最敬仰的导师

写到这个段落，勾起了对父亲的深深怀念。父亲在我的眼里有双重身份：既是一名父亲，更是我教育生涯中最重要的导师。

外刚内柔的父亲

我父亲总是一脸的严肃，可以这么说，学校的老师、干部都很"怕"他。但是姥姥曾经说过"王文旗只对三个人笑"，那就是母亲、我和妹妹。父亲从师范毕业以后一直到我参加工作（1988年），都非常不容易，先后在大港区、津南区工作，1988年才被调到南开区。大港区和津南区当时可没有地铁、公交，也不像现在的网约车，两三个小时就可以打个来回，那个时候靠的就是两个轮的自行车。父亲在大港区的时候每周回来一次，在津南区的时候每天回来，我记得每到大风天的时候，我就会跑到院子里感受风的方向，如果风向是顺风，我就会欣喜若狂，如果是逆风，我就会为父亲捏着一把汗，祈祷父亲能够顺利回家。父亲在这两个区工作，已经做到校长的职务，工作异常辛苦，身为教师的母亲不得不把我放到姥姥家，直到我初中才正式与家人"团聚"。也许是父亲觉得亏欠我们，每天从津南区下班不管多累，都会给我们做饭；妹妹从小有哮喘的毛病，父亲每天早上5点起床，带着妹妹跑步锻炼；我语文不太好，父亲每天晚饭后都会精选一篇文章，我们一家人围坐在饭桌前，让我和妹妹轮流念，然后帮我们分析，有时还布置半命题口头作文。有父亲的循循善诱,才有了我上初中每次写作文的行云流水,为我当教师、做校长后的语言表达打下基础;也有了妹妹中考以全校第一的好成绩从天津市二十五中学毕业,顺利考入天津市耀华中学。每当回想起我们一家人围坐在饭桌前其乐融融的场面,那既是父爱的体现,更是家风的体现,也是父亲家庭教育理念的体现:那就是"慢教育"——静候花开,还不忘默默耕耘。

我出嫁的时候,我的同学告诉我:"你走以后伯父掉眼泪啦。"我想这就是父亲对女儿最真挚的爱,他要把笑脸送给女儿,把眼泪留给自己。我"回四"的那一天,父亲拿出一本自己做的相册送给我,里面记录了我从出生到成人的点点滴滴,我忍不住哭了,感受到父亲强悍外表下那颗柔软的心,满满的父爱都呈现在这本相册里。我觉得父亲给予我的不仅仅是爱,更多的是对我的人生观、价值观的引领,让我知道怎么来教育我的孩子。在我儿子高三毕业的那一年,我工作非常繁忙,母亲每周需要到医院透析三次,隔三岔五还要住院,能够给我和妹妹一臂之力的父亲刚刚离开人世。虽然我陪伴儿子的时间很少,但是我每天坚持记录他高三学习生活的点点滴滴,或是文字或是照片。当我儿子高三毕业那一天,我把这本日记郑重交给他,我想他和我当初的感受应该是一样的吧,不仅仅是母爱,他也有责任和义务把这种爱传递下去。

亦师亦友的父亲

我上班那一年,父亲正式调入南开区长治里小学任书记、校长,同年我也加入南开教育这个大家庭。可以说父亲见证了我在南开教育这片沃土上的成长与成熟,他是我教育生涯的良师益友。

父亲执着的工作态度影响着我。对父亲工作上的了解还是从他进入南开教育开始的,当时长治里小学有一支以校长为首的"敢死队",他们没有节假日、没有公休日。学校的垃圾箱是他们自己改造的,器械室是他们自己搭建的,操场是他们自己整修的,连接教学楼与礼堂的天桥是他们自己设计的……他们无所不能,他们都把学校当成家。父亲把所有青年教师用学校的工作凝聚在一起,他们谈天说地,谈古论今,说着说着有些青年男女教师就说到了一起,谈起了恋爱,成了家,成家以后仍然把学校当成自己的大家,而校长就是他们的大家长。当时很多校长不同意本校的老师之间谈恋爱,怕影响工作,但父亲不这样想,他认为引导好了就会把个体的力量汇聚成集体的力量。因为他们工作上有想法了,要找大家长去说;生活中出现小困惑了,要找大家长去说;家里老人生病了,要找大家长去说;甚至两口子闹别扭了,也要找大家长去说。他们"怕"大家长,更爱大家长。大家长把一颗心奉献给了学校,而学校的老师们也学着他的样子,先是把大家的事儿干了,再去管小家。我记得很清楚,1997年的一个早上,父亲突发脑出血,前一天还在学校筹备英语特色展示活动,工作到深夜,他在住院昏迷、神志很不清醒的情况下,嘴里喃喃的还是学校的展示活动。一周以后等他醒来的时候,谁到医院来看过他,他全都不知道,他唯独记挂的还是展示活动是否成功。做校长以后,我慢慢领悟到:"敢死队""大家长"这不就是学校文化吗?而父亲对工作执着到痴迷,坚韧到不允许工作打折扣的态度,也潜移默化影响着我,他就是我人生路上的灯塔,无论我身处怎样的困境,都要向着有光亮的地方前进。

父亲工作上的大胆创新引领着我。长治里小学虽然不大,但90年代在市区可是小有名气的,英语特色唱响南开区。父亲虽然不懂英语,但当时他很有想法,将师范大学的教授、市区英语教研员集合在一起组成专家团队,积极打造英语组,将先进的英语教材引进英语课堂中,他们一次次地召开展示会、论坛,来论证英语特色教育的科学性与生命力。英语教师迅速成长,一批英语教师逐渐成为市区英语骨干教师。一所学校的特色成就了学生,更成就了老师。现在想想,实际是校长好的办学思想成就了一所好学校。

在父亲的耕耘下,长治里小学除了是英语特色校,还是民乐特色校,他创新性地实施民乐进课堂,组建民乐队,记得当时天津市文艺展演的市级奖项都被长治里小学包揽。我做校长后,刘向军书记(时任南开区教育局副局长)和我谈话时讲,让我要像父亲一样做一名敢创新的校长。现在看看,书记对我提的要求,我应该是做到了!我的办学思想应该有父亲的基因在里面,已经融入血液里了。

父亲的淡泊名利情怀感染着我。2000年以后,父亲做了专职党支部书记,渐渐把工作的重心转向对党员的锻炼和对青年教师的培养上。由于时间上稍有空闲,父亲就把心爱的书籍和书法拾了起来,认真阅读《毛泽东选集》《邓小平理论概论》《马克思列宁主义基本问题》等书籍并做详细的笔记,每天坚持练习书法,成立书法工作室,将爱好书法的老师、学生集结在一起研究书法和练习书法,将传统文化发扬光大。父亲的淡泊名利潜移默化地熏陶和感染着我。我们都有从岗位上退下来的那一天,一个人的胸怀就体现在以什么样的心态退下来。

父亲是我工作的伙伴。父亲引领我走上教师这个岗位,与我分享着工作中的苦与乐。当我取得成绩的时候,第一个要告知的人就是父亲,让他与我一同分享喜悦,每一次父亲都会笑盈盈地说"闺女,骄傲是魔鬼",我每一次也是冲着父亲吐吐舌头扮个鬼脸,哈哈一笑,父亲懂这哈哈的笑声。当然工作中更有困难与困惑,尤其做校长之后,每一次父亲就像剥洋葱一样,帮我一点点分析,让我慢慢地学会了辩证地看待问题与解决问题。父亲的帮助让我的校长之路越来越宽阔,让我做校长的信心越来越坚韧,让我做校长的胸怀越来越坦荡。我感谢您——父亲,我的良师,我的益友。

学生给了我最宝贵的教育"读本"

难忘的"支教"之旅

1988年11月我被分配到宝龙巷小学,1989年2月就被借调到六合街小学负责六年级的英语教学工作,我想这是时任校长的兰宇光老师对我的"特殊安排"吧!是金子总会发光的,宝龙巷小学当时没有让这块金子发光的土壤(因为当时英语老师不缺编),所以兰校长就找了一块"试金"的地方。当时这个班一半的学生成绩不合格,没有良好的学习习惯,英语的听说读写技能都很差,一半的学生都是"哑巴"英语。我接班以后,在非常有经验的班主任郎老师配合下,开始了教学生涯的第一年工作。为了让孩子们爱学英语,我就将"情境教学"融入教学中。讲到食品,我就将他们爱吃的水果、饼干、面包、牛奶带入课堂,让他们边品尝边学习;讲到小动物,我就到处收集小动物的毛绒玩具,把它们藏到袋子里,让他们边猜谜边学习;讲到看病,我就穿上白大褂扮演大夫,让他们扮演病人,我把家里的听诊器、小药箱带到课堂里,我们边表演边学习……如今看来比较简陋的教学方式,在当时却是很先进的。我摆脱了一根粉笔、一本书的传统教学模式,传达给孩子的理念是英语不仅要学习,还要用来交流。为了让他们具备准确、流利的语音语调,我把录音机带入课堂,我让孩子们一句一句去模仿,让他们把读的课文录音,上课的时候播放,评选"最佳小小播音员",孩子们的积极性被调动起来,"鼓动"父母买录音机、买磁带,积极争做"最佳小小播音员",而他们的奖品就是一个小贴画。不是他们被"蒙骗",而是作为教师要有"骗小孩"的方法,我想这就是教师的教学艺术!对于那些学习成绩差的孩子,我就实行分层次教学、分层次辅导、分层次布置作业。我和孩子们约定好每天早上7点准时到校,我帮助他们背诵单词、课文。一天天过去,他们也在一点点进步!之前成绩不合格的孩子有的能考到六七十分,甚至八十多分。我成了六合街小学的"风云人物",当时的石校长在大会、小会上表扬我、鼓励我,那我更不能懈怠!"六一"儿童节表彰大会上,学校特准我们班上演英语课本剧《龟兔赛跑》,英语口语好的孩子演主角,那些和我补课的孩子充当剧务,扮演小树、小花、小草,演出成功,为接下来的毕业考试埋下"伏笔"。我借此鼓励他们说,毕业考试既是对大家的考验,也是对小王老师的考验,我们只能赢不能输!在最后的十几天里,孩子们更加努力,我们在为荣誉而战!班里有个最让我头疼的大郭同学,总是今天记住明天忘,我鼓励他,教给他记忆的窍门,每天都帮助他温故知新!考完试我和他的心都七上八下的,终于盼来了成绩,大郭同学考了61.5分,我们全班都过了合格线,优秀率超过90%,成绩名列全校第一。孩子们快乐毕业啦!而小王老师也成了"香饽饽",两个校长都争着要留住我,最终石校长还是没能争过兰校长,我又回到宝龙巷小学,负责六年级的教学工作。现在想起来,兰校长太睿智了!他在不影响本校工作的前提下,给青年教师搭建了锻炼成长的平台,这也是做校长的领导智慧吧。

难得的缘分

1994年,我24岁,与比我小12岁的学生相遇了!有时候"缘分"这两个字真的很微妙,43名学生与我共同学习和生活,这就是我们的六年三班,我不是他们的首任班主任,但他们却是我首次做班主任的学生。

第一次走进教室的情景历历在目,我站在那儿,没有人把我放在眼里。说话的、打闹的、扫地的、擦黑板的……干什么的都有,我大声喊了一句:"大家安静啦!"没有人理会我,仍然该干啥还干啥,我又大声喊了一句:"我是你们的新班主任老师!"有几个小孩抬头看看我,然后又继续谈天说地。这时候教数学的王老师走进教室(王老师当时已经五十多岁,因为皮肤过敏不能染发,满头银发),用正常声调说了一句:"同学们安静一下,请坐回自己的座位!"瞬间他们都各就各位,我也瞬间傻眼,为什么我这么大声说话都没有一个人听? 一种预感马上涌上心头——后面的日子不好过! 我暗暗握了握拳头给自己鼓了鼓劲儿,但是我也能够感受到这股力量不够强大,我有些胆怯了,要不我和校长说说不干了? 可身体里还有一个声音告诉我:"我不能被这群'小毛孩子'吓倒!"于是自己又把拳头握了握,在心里默默鼓励自己:"我可以!"

接下来我们的"较量"开始了,首先我在想:"我用什么方式来吸引他们?"他们不怕我,因为我没有数学王老师的一头银发,也没有王老师的教学阅历,但年轻也是我的优势,他们不怕我,我可以让他们爱我! 父亲曾经告诉我:"要想让学生爱你,首先要让他们爱上你的课。"于是我精心准备第一节课,把图片、实物、录音机都带入课堂,改变了原来英语老师用中文上英语课的教学方式。我给他们每一个人都起了英文名字,让他们喊我"Miss Celia"。我引导他们用英语与我交流,我把游戏、歌曲、表演都安排在课堂教学环节中。一节课下来,孩子们在游戏中学会了单词,在活动中学会了用英语交流,下课铃响起他们好像还意犹未尽。第一节课我成功了,他们好像也"服"我了,这其中不是"怕",从他们眼睛中我能读出是喜爱和佩服。首战告捷,我告诫自己决不能掉以轻心,我还要有更出其不意的"招式"和他们"过招"。晚上由于兴奋我睡不着觉,我就琢磨这些孩子的长处和不足:他们很聪明,却很散漫,没有集体意识,没有规则意识。要想集体发光,就要聚拢他们的心,抓人心要有载体,作为班主任不仅仅要在课堂上吸引他们,还要有活动,用活动培养他们的集体荣誉感。于是我先从小干部入手,召开小干部会议,大家一致决定向全班同学征集班风、学风、班徽、班歌、班规。于是我把全班分成六个组,由六名队干部做组长,分别征集然后进行展示、评选。大课间、放学后,他们已经没有"你打我逗"的时间了,写作好的孩子们商议班风、学风、班规的内容,绘画好的孩子们画班徽,唱歌好的孩子写班歌。班内一派祥和,在最后评选的时候我把校长、德育主任、大队辅导员、数学老师、语文老师、美术老师、音乐老师都请来做评委。我告诉孩子们:"每个人都要有规则意识,既然班风、学风、班规是大家制定的,那么就都要遵守。"最后我带领孩子们一起宣誓,让征集活动达到高潮,同时也画上圆满的句号。至此六年三班孩子们的集体荣誉感不断增强:广播操比赛为了拿第一,他们放弃中午休息的时间继续练习;为了成功召开班队会课,他们的议程修改了一次又一次;为了编排的舞蹈能够被选上元旦联欢会校演,他们放学不回家一次次排练;为了能够在学校学科竞赛中取得好成绩,他们自己组成"互助组"。看到这些,作为班主任除了有欣慰,更有感动,我觉得我和孩子们在一起成长。26年前没有"班级文化"这个词,但现在看来我带领六年三班做的这些事情不就是"班级文化"吗?我为我和六年三班骄傲!

"特别"的小杨同学

1997年4月,我的宝宝出生,暑假后因为学校用人紧张,我就提前结束产假回到工作岗位,跟小杨同学就是在那个时候相识的。我刚接班的时候发现一个奇怪的现象,8月底的天气还比较闷热,孩子们都穿着短袖衫,只有一个小男生一直穿着长袖衫,每天都静静地坐在那里,不说话,不凑群,也从来不笑。我观察了几天,每天他都是这样。课间,我忍不住问了一个特别爱说话的小女生小韩同学,小韩告诉我:"他是我们班上学期新转来的同学,他只有一只手，我们谁也不知道为什么会这样。他每天都是这样的表情、这样的动作，以至于我们都觉得班里没有这样一个人。"可能是做了母亲的缘故，我的情感既敏锐又脆弱，听完小韩的介绍，我的心里很不好受，我觉得如果长此以往可能小杨的心理甚至精神都会出现问题，于是我打算走近这个小男生，把他的心结打开。

　　第二天课间我主动接近小杨同学，想拉一拉他那只没有问题的手，但他故意躲闪我，我便摸了摸他的头，对他说："孩子，你不热吗？"虽然他还是那样的表情和动作，可我能看到他眼睛里的那一丝丝光亮，我隐约觉得他愿意接受我。那一天放学，我和他一起走出校门，想接触一下他的家人。接他的是一位白发苍苍的老奶奶，沧桑岁月都刻在脸上。我主动介绍我是小杨的老师，老奶奶拉了一下我的手，告诉我自己是小杨的奶奶。我问了问他们住的地方，不是很远，我就说想和他们娘儿俩一起回家。奶奶同意了。我们就这样一路默默地走着，我和奶奶好像都有话要说，但是又都不知道该说什么。他们的家是一个很小的单元房，家具很普通，但是屋子收拾得很干净。小杨进卧室写作业，奶奶把我拉到一边，悄悄地说："您是第一个主动到我家来的老师。这个孩子太可怜，他原来和他爸爸妈妈一起生活，一次车祸夺走了爸爸妈妈的生命，小杨的命是保住了，但失去了一只手。以前班里的同学总爱嘲笑他，所以转学到这里，孩子虽然不说话，但是心里是有数的……"那一天我和奶奶边说话，边流泪，师爱的责任和母爱的温柔，让我下定决心要帮助这无助的祖孙二人。从那天起我的早点和午饭带的都是双份的。早上我悄悄地把早点放到他的手里，中午我又把热好的午饭悄悄放到他的桌上。课下我会给他整理整理衣领和红领巾，我把爱说话的小韩同学调到他的旁边，叮嘱小韩课间帮他整理一下文具、放学帮他收拾一下书包。这样的日子过了两周，突然有一天上课我刚提问完，小杨那只健康的小手举起来了，当时我的眼泪都快落下来了。我马上喊他的名字，他回答完问题，我让孩子们为他鼓掌,这次我看到了他脸上的笑容。后来我和我爱人商量好,每隔一段时间,利用周末时间把他带到家里,我爱人帮他洗澡,我给他洗衣服,让他和我儿子玩耍。我们四个人到公园去散步,我给他讲张海迪的故事、瞎子阿炳的《二泉映月》、美国盲人女作家海伦·凯勒的故事……渐渐地他的话多了,脸上的笑容多了。夏天他敢穿短袖衫了,跳长绳的队伍里有了小杨的身影,集体朗诵的录音里我听到了小杨的声音。我和他共同生活学习了两年,他顺利地考入中学,考入高中,上了大专,找到一份工作,娶妻生子,过上正常人的生活!现在他和他爱人、孩子经常来看望我和我爱人,喊我们王妈妈、张爸爸!有人曾说:"老师的职业是最功德无量的!"是啊,我们所做的是拯救人的灵魂的职业,我们必须以最高的思想境界和道德境界来完成我们的使命和责任!对得起"阳光下最神圣的职业"的称号!

收获我的惊喜

难忘的第一次家长会

召开家长会是教师的家常便饭,但是第一次家长会往往是令人难忘的。

第一次家长会还是在"支教"的六合街小学,期中考试后,当时我已经和孩子们共同学习生活了一个多月。开家长会那一天,我特意穿上平时最不爱穿的紫格呢子小西服,把平时爱梳的高马尾改成低马尾,还稍微涂涂口红,化个淡妆,出门照照镜子,比自己的年龄看上去大了三四岁,我不想让家长看出来我还是个小姑娘,这样他们会不信任我的!现在想想真是心虚的表现。家长会前,我精心准备了发言提纲,同时我在一块小黑板上写了一个光荣榜:有默写小标兵、朗读课文小标兵、积极回答问题小标兵、书写工整小标兵、按时完成作业小标兵,全班同学的名字都应该在光荣榜里。我又在另一块小黑板上,用不同颜色的粉笔写了一堆孩子的名字:绿色表示考试成绩90分以上的;黄色表示70分以上的;粉色表示60分以上的;玫红色表示60分以下的(小黑板上只有带颜色的名字,没有分数)。家长会伊始,班主任郎老师讲完,家长都报以热烈的掌声,轮到我上台了,由于紧张,开始还是有些磕磕巴巴,家长也有些窃窃私语。我稍微镇定了一下,用坚定的声音告诉家长开学一个多月里,我们的英语课是怎么上的,孩子们是如何表现的。我如数家珍,家长逐渐聚精会神去听我讲话,接下来我拿出"光荣榜"的小黑板,每一个家长都认真寻找自己孩子的名字,看他们的眼神,由焦急到兴奋,每一位家长的情感变化都能从眼神中看出来。然后我又把写满五颜六色名字的另一块小黑板拿出来,和家长说:"虽然孩子们这一个多月都非常努力了,学习却不是一蹴而就的,不是急功近利的,是需要'静等花开'的。这五颜六色的名字就是同学们的考试成绩,家长们看到的只是名字没有分数,可我想让大家思考一个常识问题:十字路口指示灯的颜色都代表什么意思?绿色表示可以通过了,如果您孩子的名字是绿色的,恭喜您,说明您的孩子成绩优秀;我们看到黄色信号灯,都要停下车来等待,如果您孩子的名字是黄色的,说明您的孩子成绩处于优良之间,还有很大的提升空间,还需您和孩子共同努力;我们看到红色信号灯,车辆是不可以通行的,可以说是一个警示灯,那么家长还看到一些粉色的名字,粉色是次警示,说明孩子刚刚合格,但是也很危险,是需要家长关注的;玫红色名字是需要家长实实在在关注的。"另外我建议家长:"不管您多忙,不管这些知识点您会不会,都要参与到孩子的成长过程中,家长要多鼓励孩子,多给孩子些掌声。我的父亲是一名小学校长,我就是被这样陪伴、关怀、鼓励出来的,我觉得我还是比较优秀的,我可以说是一个比较成功的家庭教育案例了。"

我的话音落地,热烈的掌声响起,虽然小王老师年龄小,但思想却不幼稚。我想让家长看到的是新型的老师和家长的沟通方式,不是一味点名批评,家长会不是"批斗会",家长会后不能一通"严刑拷打"。我告诉家长要辩证地看待孩子,每个孩子身上都有闪光点,都隐藏着巨大的能量,我们要静候花开,在等待的过程中,家长要陪伴,要有耐心和爱心。同时我也以家长会的方式引导家长,让他们明白家长也是需要鼓励的,何况是孩子呢?家长是要面子的,我们的孩子也一样!就是因为有了这次成功的家长会,家长们和小王老师都不放弃、不气馁,才有了最后的良好成绩。

初为人师的第一次"大奖"

1992年,在我工作第四年的时候,拿到教育生涯的第一次"大奖"——天津市"老带青"双优教师,这也算是对我四年工作的高度肯定,欢喜之余非常感恩,感恩睿智的兰校长把我留在宝龙巷小学,感恩学校让年轻的我勇挑重任——负责毕业班的工作,感恩学校老教师对我的包容与肯定,感恩遇上我的师父王爱萍老师。

1992年的教师节异常繁忙,我和师父不断出席市区各种表彰大会,父亲母亲学校的老师们回到学校就说:"看到你们闺女佩戴着大红花上台啦!"父母听到赞赏后无比高兴与自豪。接下来兰校长分别接到鸿源里小学刘丽华校长和建民里小学常振东校长的邀请,让我给青年团员讲一讲我的先进事迹。当时我在想,我又不是什么英雄人物,有什么先进事迹?不就是日常工作的七七八八吗?今天带着成熟的视角再来评判教师工作的伟大,不就是在平凡的工作中,用工匠的精神,将事情做细、做精、做出特色,不就铸就了伟大吗?

当时带着对"平凡中的伟大"这几个字懵懵懂懂的理解,我开始了先进事迹的宣讲。我讲到父亲是我人生中最敬仰的导师,引领我走上教师之路,父亲教导我只要有爱,就能在教师这个平凡的岗位上干出轰轰烈烈的大事情;讲到睿智的兰校长怎么让我这块"金子"在"异地"发光,我告诉青年朋友们个人要服从学校的决定,学校是从爱护我们成长的角度给我们做各种安排;讲到我的"情境教学法",我告诉我的同龄朋友们,我们要干一行爱一行,干一行精一行,教学工作是当老师的"资本",在教学中要肯于钻研和勇于创新,要逐步形成自己的教学风格;讲到我和六年三班的故事,我和同龄人们分享"师爱是最无价的爱"的理念,师爱可以成就一个人、改变一个人,甚至拯救一个人。以上所有,讲的就是青年教师要有坚定的理想信念,唯有信念不变,才有追逐理想的步伐。最后我还和青年教师分享了我们青年人的小浪漫:我们工作努力,不意味着我们不要生活,我们也要以一种认真的态度来对待生活,我们要用美好的生活涵养我们的气质,我们的美丽要由内到外散发出来,我们要交朋友,要有闺蜜,要谈轰轰烈烈的恋爱。我的先进事迹汇报会在热烈的掌声中结束,我想这掌声是送给听会的所有青年教师的,十年、二十年、三十年以后,愿我们这些青年人都能成为肩上有责任、脚下有力量的南开教育生力军,事实也确实是这样。

首次登上"大讲台"

当教师的生涯中,如果能登上剧院的舞台讲课,那也算一生无憾了。而我是个幸运儿,在24岁的时候就登上了黄河道影院这个大讲台,做全国多媒体教学展示课。

父亲引领我走上教书育人这条道路,而睿智的"小老头儿"——兰校长在我成为优秀教师的"旅程"中给了我很多机会与平台。多媒体教学就是我由一名名不见经传的英语老师蜕变为一名优秀教师的"媒介"。我记得很清楚,兰校长和我骑着自行车往返2个小时去天津市电化教育馆找王时一主任研究多媒体教学。王十一主任将全国各地到天津来学习多媒体教学的现场会都安排在我们学校,兰校长让我一次次展示和锻炼;为了让多媒体教学与英语教学完美结合,兰校长将天津市教研室英语教研员董翠翠老师请到学校指导我。我由衷感谢在我成长道路上帮助过我的这些贵人。

我和我的孩子们站在大舞台的中央,聚焦的灯光打在我和孩子们的脸上,坐在台下的有全国各地远道而来的朋友、市区的领导、我的师长、我的同行与同事。当时的心情既紧张又兴奋,我要把这种兴奋的状态传递给我的学生们。因此第一环节英语口语热身,孩子们标准的语音、流利的语调、大方自信的表达,以及我有效的融入与调控,我们好像都是演员,我和孩子们都把最坚实的英语基本功精彩演绎出来,首环节博得台下专家老师们的阵阵掌声。进入新课授课环节,我将多媒体手段与英语教学有效融合。记得当时讲的是兰兰一家人的职业,我就将幻灯片、简笔画、图片、录音、职业服装以及肢体语言有效融合,孩子们在我不断变换的媒体手段下习得新内容。我帮助他们用多媒体手段创建新的情境,在新的情境下再编排新对话,在这个过程中充分利用"四色卡"进行及时反馈,多媒体手段与英语课完美结合,台下又一阵阵鼓励的掌声响起。展示课完美收官,这次活动还在天津广播电视台新闻频道播出,因此我的名气也越来越大。我婆婆认识我,就是通过电视台的这次新闻报道。

回想这次不平凡的经历,我觉得我和孩子们都在成长,我一次次实践、推翻方案、再实践,就是对教材的一次次深刻的理解。多媒体手段就是推进课程改革的有效手段,课堂上我和孩子们的表现,就是"学生主体"的体现,可以说26年前兰校长带着我已经站在了课程改革实践的最前沿,而孩子们在新的教学理念下习得的知识也应该是终生难忘的,甚至会变成自己的职业理想与职业追求。

第二辑 校长之梦

用智慧和爱心去耕耘一所朝气蓬勃的学校是我追逐的梦想。明道进德，涵育品格，文化浸润，培育时代新人是我最神圣的使命。为了梦想，为了使命，我要练就坚硬的翅膀，努力将志存高远贯穿于务实笃行中，将雄心壮志落实到立德树人上。

2005年,在人生最美好的年华,35岁的我带着南开区教育局党委的嘱托加入南开小学校长团队,先后任南开区风湖里小学、南开区新星小学、天津师范大学南开附属小学的校长。这三所学校是处于南开区的中部、南部、西部的普通校,每走进一所学校,我都会追溯学校的发展历史,探寻特色办学的突破口,追求卓越,努力将每一所普通学校办得不普通。事实证明十六年来,我也是按照这样的治校方针,一步步将一所所学校办出特色。

校长之梦一：三园育桃李　百花耀风湖

走进风湖里小学（下文简称"风小"），我首先对学校进行了一次深入调研，通过调研发现：由于一些主客观原因，风湖里小学遇到了发展的瓶颈，教师的精神状态低迷，学校的教育教学质量也遇到了沟坎。调研后我冷静思考："困难是暂时的，只要大家凝心聚力，我们就会迎来学校发展的春天！"因此与风小的风雨相伴便是从我的就职演讲"我的梦"开始。现在我还记得当时的"豪言壮语"——"老师们，我们都知道风小今天面临着什么，明天意味着什么，现在风小更需我们同心同德去建设！想不想让学校在逆境中自强？想不想体验那份逆风飞扬的成就感？如果想，让我们共同成就彼此的梦想，为明天风小的辉煌创造无限可能吧！"一个年轻的校长可以没有资历，但应该拥有梦想，一个稚气的校长可以没有经验，但应该有激情与执着——我们共同规划出"努力让普通学校的孩子享受不普通教育"的美好愿景。在愿景激励下，全体风小人付出了极大的精力，短短一学期，学校荣誉多了，社会评价好了，教师之间排斥少了，认同多了。随后我又开始思考学校的未来发展之路，确定了"以学校文化促学校发展"的总体思路。

"一流的学校做文化，一流的学校靠文化。"这句话一直影响并引领着我16年的校长工作。一所学校只有拥有优秀的学校文化，才能实现高质量的学校教育，才能凝聚成学校的核心竞争力，才能打造出一流的学校品牌。当一代代师生从这里走出去的时候，带走的不仅仅是个人的智慧，同时也带上了学校特有的文化烙印。学校的管理应该为师生的一生奠基,也就是使师生幸福成长。基于这些理念,我先走访了确定"三园"学校文化的第一任校长张颖老师,张颖老师从1988年建校讲起,一直讲到学校的辉煌以及学校的现状,我又和第二任校长王文莲老师认真分析了学校现在面临的主客观困难;作为第三任校长的我,告诫自己要做到继承并发展。要丰富"三园"文化的内涵,以文化为支点,撬动学校发展,逐步形成学校的办学特色,最后要达到的目标是:风湖里小学虽然小,但是要精;风湖里小学虽然普通,但是要培养出不普通的学生。目标确定后,我就与风小的同仁们开始了长达七年的探索与实践,这其中有艰辛、困扰、犹豫,更有执着与坚定。以下就记录了我们这七年的所思、所想、所感、所行……

蓓蕾行动

◎ 确定办学理念,丰富"三园"学校文化内涵

2006年5月,就在我到风湖里小学将近一年的时间,学校迎来督导的复检工作。由于上一次督导检查(当时我还在西营门外小学工作)没通过,经过不到一年的时间,全体干部、教师把思想凝聚到"校荣我荣"上来,因此每一个人每一天都在竭尽全力。我更是如此,也就在那段时间,母亲住院父亲都没有通知我,我将近两个多月都没有去看望他们。借助督导检查这次契机,我调动全体干部、教师群策群力;邀请退休干部教师建言献策;邀请专家团队把关论证,本着传承发展的目标重新梳理办学理念和学校文化,确定了"以爱育爱,体验成功,激发活力,共同成长"的办学理念,以及陶冶学生情操的"花园"、自主探究的"学园"、个性发展的"乐园"的"三园"学校文化。

◎ 以爱育爱

○ 让思想凝聚

在学校管理中,我们坚持"感激、赞赏、公平、引领"的原则,努力使干部和老师心灵相通、思想凝聚。克服困难努力改善教师的工作条件,干部利用休息日到教师家家访、慰问,看望教师生病的家属,为有困难的教师排忧解难,将老师的每一件小事都装在心里,使每一位风湖人都对学校有认同感和归属感。赞赏是最好的激励,通过真心赞赏将教师工作的激情点燃。生命渴望公平,公平靠制度保证,制度靠程序落实,学校修订完善了各项规章制度,以最大限度体现着公平。生命需要引领,引领就是要科学制定目标,引领团队达成共识,为之努力。近几年我们的工作目标与工作思路也逐渐走向清晰与明朗,不断走向师本和生本。从"凝聚人心,形成合力,努力拼搏,争创优质"的工作思路到"以'爱'促'发展',加强团队建设,引领教师快乐成长"的教师管理理念,直至现在我们不断完善和深化的"以'爱'促师生的发展,深化'三园'校园文化内涵"的奋斗目标,使教师对"以爱育爱,体验成功,激发活力,共同成长"的办学理念有了更为深刻的理解和诠释。

○ 七项措施,促进教师专业发展

措施一——强师德。树立"以爱育爱"的工作作风,在广大教师中继续开展"五颗心"活动,即对工作有一份"责任心",对学生有一份"爱心",对家长有一份"耐心",对同伴有一份"宽容心",对家人有一份"关怀之心"。同时深入开展"展师德风采,创优秀群体,树教育新风,创和谐校园"的主题教育活动,强化教师主人翁意识,让"我与风湖共发展"的观念深入教师心中,成为教师工作、学习、生活的原动力。开展四个争创活动:争创让百姓满意的学校,争创让师生满意的校长,争创让学生满意的教师,争创让同伴满意的年级组。

措施二——督学习。以"让读书成为生命中的血液"教师读书活动为载体，推进教师专业化发展。学校通过推荐书目、赠送书籍、读书交流等活动，倡导教师多读书、广读书，做读书笔记，充实更新备课资源。自2007年开始，学校每学期向每位教师赠送一本教育教学专著，要求教师阅读自学并写出"我读，我思，我悟，我行"的读书感悟；为每个年级组订阅一本教育教学杂志，要求撰写两篇以上学习心得体会；摘抄或以其他方式搜集、整理2000字的理论资料，做到学习工作化，工作学习化，通过读书来提升教师的精、气、神。

措施三——重教研。不断深化"以校为本"的校本培训与校本教研方式，逐步使全体教师达成共识：学校即研究中心，教室即研究室，教师即研究者，工作中的问题就是研究的问题。同时发挥教研组长的职能作用，做到周周大教研，日日小教研。精选教研内容，突出研训重点，同时做到教研方式多样化。如新教师的"学中研"，骨干教师的"做中研"以及"赛中研""思中研"等，竭力为教师创设互相交流、共同提高的舞台。

措施四——抓课堂。深入进行"教师以学论教，调动学生积极参与的课堂教学模式"的研究。首先牢牢抓住备课不放，每位老师必须按照"五备"要求备课，做到备课标、备教材、备教法、备学生、备学法。同时让教师课堂中实施"乐学三策略"，即寻找本课教材中的一个兴趣点，根据教材内容创设一个教学情景或运用一种媒体手段，根据学情选择一种启发性教学方法。课堂上倡导老师们做到"三为主，五激励"：教师为主导，学生为主体，训练为主线；激励学生认真观察，动脑思考，动手操作，动口表达，敢于质疑。在充分发挥教师主导作用的同时，注意落实"四个凡是"的原则，即凡是学生自己能说出的，教师不替；凡是学生自己能做出的，教师不讲；凡是学生自己能探究的，教师不包办；凡是学生自己已掌握的，教师不重复。以求每位教师都能立足课堂教学，运用新的标准、新的要求改革课堂教学。

措施五——促交流。建立新的听课制度。校级领导进行"指导性听课",主要是对教师的课堂教学改革做具体的指导;教导、备课组长进行"研究性听课",主要是对教学中的共性问题、热点问题、困惑问题进行研讨;教师间进行"互助性听课",主要是教师间通过听课,互相学习,取长补短。开展"拜名师"活动,为每位中青年教师聘请"名特优"教师或教研员做师傅,同时成立"特级教师顾问组",借精英力量提升教师的专业化水平并推动学校的整体工作。

措施六——倡反思。教师做到节节反思,日日反思,目的就是要求教师自觉地将自己实施新课程的点滴体会及时记载下来,数年后就会变成教师的成长历程。教师听课后和教案反思中必须做到"三个一":发现一个闪光点,提出一个不足点,提供一个黄金点。让教师在反思后碰撞,在碰撞中再反思,加快教师的专业成长。

措施七——多实践。在课程改革管理方面,学校要激励教师。"允许不成功,不允许不实践;允许小进步,不允许原地踏步",要求老师"每天实践一点,每天反思一下,每天提高一步"。还以教师的基本功竞赛、学科带头人的引领课、"风湖杯"优秀课、面向家长的开放课、教学特色研究课等为载体,为教师设置研究的多种平台,培养教师的研究能力,使教师在实践中加速成长。同时鼓励教师走出南开区,走向天津市,为自己增强发展的信心。

◎ 让"三园"文化成为培养创新型人才的沃土

○ 陶冶学生情操的"花园",为培养创新型人才奠基

有一首诗这样写道:"青山如黛碧水洄,鸟语花香树苍翠。崭新大楼显气魄,古朴凉亭藏妩媚。书声朗朗歌声飞,龙腾虎跃志雄威。园丁精心育苗木,桃李满园竞芳菲。立小桥,望流水,我们校园多么美。新一代,新一辈,誓为学校争光辉。"这首诗表达了环境育人所起到的健康和谐、积极向上的

作用。

风湖里小学坐落在天津市南开区鞍山西道电子工业园区内,周边人文素质层次比较高,形成健康的校园文化既能给师生创造一个有形的心理"磁场",又能成为全面育人的"辐射源",成为一部无声的教科书。我们在打造花园式校园的设计思想中更多地融入了学校的办学理念和办学思想。花园式的校园环境要中西结合。西方花园式的设计是超自然的,体现人改造自然的心态,而中国古代的花园式校园追求的是自然和谐,反映天人合一心态。作为现代学校的自然环境,应兼有中西两种风格,体现的是我们培养的人既要认识自然还会改造自然。

学校的前操场有寓意着不断进取、勇于攀高的中国园林式的假山景观"小湖流水",有学生自主命名、由美术教师带领学生自行设计并绘制动漫壁画的"金色葡萄"小憩长廊,还有体现现代与自然的水族观赏箱,同时还为学生开辟了"种植园地",孩子们可以随时感受自然的恬静,享受创造美的成功。

针对一些民族文化缺失和淡化的问题,我们在学校建设上突出了弘扬民族文化。为了让学生感受到民族文化的博大精深,我们把一楼走廊设计为民族文化园。在走廊大厅摆放着古代伟大教育家孔子的塑像,塑像两侧还有孔子的生平介绍,以及孔子教书育人和学习做人的至理名言。在走廊里随时能看到京剧脸谱、茶道、篆刻、国画、书法等中国传统文化的作品。开发国学校本课程,每天清晨学生诵读《弟子规》,古诗词的琅琅书声,更使学生沉浸在传统文化的氛围之中。

二楼和三楼突显了英语特色与读书的氛围。二楼有英语墙、"英语转转"的开放式英语情景室,孩子们在这里成功地举办了一个个英语小沙龙活动。三楼的开放式图书阅览区是孩子们面向世界、探寻知识的天地,他们在这里自由地畅游在书的海洋。

教室的门前那一块块以班级为单位自制的班级展示牌更体现出浓浓的

班级文化特色,班徽的设计、班徽的寓意、班主任的寄语、班级的合影照都呈现在这块小小的展示牌上。这是民主、自主、创新、向上精神的一种体现。

花园式的校园环境在孩子们成长的道路上逐渐显现出"润物细无声"的教育魅力,为培养创造型的人才做着奠基工作。

○ 自主探究的"学园",培养学生的创新能力

学校文化中另一重要的因素是课堂文化。我们认为要想培养创新型人才,学校课堂文化的重要指向就应是注重培养学生的创新意识、创新思维和创新能力。为此,我们在教学中积极探索"以学论教,培养学生自主探究的能力"。

我们立足于课堂教学,以教师"教"的方式改变促学生"学"的方式改变,逐步培养学生具备创新人才所需的各种素质与素养。探索中,我们逐步形成了"三为主"课堂教学模式,即"教师为主导,学生为主体,训练为主线",做到以"生"为本,培养学生的人格独立和精神自由,努力给学生一个自主发展的空间,营造一种民主和谐的氛围。我们探索出一些培养学生自主乐学的策略。其一,努力寻找教材中的兴趣点:根据教材内容创设一个教学情景或运用一种媒体手段;根据学情选择一种启发性教学方法,以激发学生的学习兴趣。其二,注意运用"五激励":"激励学生认真观察、动脑思考、动手操作、动口表达、敢于质疑",以培养学生观察敏锐、敢于挑战的精神。其三,坚持"四个凡是":凡是学生自己能说出的,教师不替;凡是学生自己能做出的,教师不讲;凡是学生自己能探究的,教师不包办;凡是学生自己已掌握的,教师不重复,以培养学生自主探究的能力。"发明千千万,起点在一问。"可见提出问题比解决问题更重要,因为解决一个问题也许只是教学上或实验上的技能,而提出问题需要的却是观察与想象。因此,教学中我们鼓励学生提出问题,一方面可以提高学生分析问题和解决问题的能力,同时也可以发展学生的创造性思维。"三为主"教学模式的探索中,教师不断更新观念,首先,做到

为学生创设一个宽松、民主的质疑氛围,允许学生发表不同的见解。即使学生提出的问题与教师、教材,甚至与常规思维相悖,教师也要尊重学生,不轻易否定,保护他们探究的积极性。其次,教师注意教学生学会提问,在起始阶段教师还要教给学生质疑问难的方法,即引导学生在预习中质疑、针对题目质疑,引导学生课后质疑,让学生带着更多的问题走出课堂。一堂课结束后,教师还注意引导学生总结全课:这节课你有哪些收获?你还有哪些不明白的地方?与此同时还要鼓励学生"标新立异"。教师引导学生发散思维,提高质疑的质量。"看谁想的和别人不一样?"这样的日积月累,使学生由敢提问题逐步发展为会提问题。

教学生学会讨论,培养学生的发散思维。讨论就是以学生为主体,通过积极思考,相互交流探讨,以求得认识的深化。讨论能最大限度地激发学生的智能,使思维迅速发散和集中,扩大信息交流和思维容量。我们尝试了"小组有效讨论法"。首先,合理组合小组成员,编组时教师根据多元智能理论,把不同类型、具有不同潜能的学生组合在一起,以便于他们取长补短,相互影响。同时分工要明确,组长要发挥自身优势和示范作用,带动"待努力"学生逐步向"优等生"靠近。组长实行轮换制,让各种类型的学生都能体验到成功的喜悦,让小组内的成员都能文明、和谐、平等、自由地得到发展。其次,恰当选择讨论的时机。讨论的时机可以选择在得出规律性结论之前,也可以在理解知识点的关键处,还可以在学生思维受阻急需畅通之时,更可以在某一问题有多种答案之际。总之具体情况具体对待,一切讨论时机的确定都从教学实际出发。此外,讨论的时间要有保证,从而使讨论环节不再只为课堂做点缀,而是为了完成教学任务。再者,教师要对讨论方法给予指导。教师告诉学生如何在小组中表达自己的观点,教育学生要虚心倾听别人发言,善于吸取他人的正确意见,及时补充、修正自己的认识。

教育家陶行知说过:"行动是老子,知识是儿子,创造是孙子。"可见,学习知识的最终目的是创造。因此,我们在教学中要让三种思想体现在我们的课堂上。求异,即坚持结论的多维性。学科教学中要求标准答案、正确结论,似乎是一种定势,教师打破常规,敢于求异,少限制,少规定,让学生"仁者见仁,智者见智",充分发表自己的见解,"还有什么不同的意见?"是教师们课堂上的口头禅。求变,即讲究方法途径的多样性。"条条大路通罗马""殊途同归"说的都是这个道理,求变的思想在课堂教学上的体现就是鼓励学生另辟蹊径。求活,即注意信息交流的多样性。课堂教学的实质是信息交流,创新教育课堂信息交流需要由单向性向多向性发展,我们的课堂上学生可以通过眼、耳、口、鼻多种感官接收信息,也可以通过报刊、图书、广播、网络等接收信息。

○ 个性发展的"乐园",培养学生的创新精神

学校文化精神就像是一只无形的大手,它可以牢牢抓住师生的心;它又像一条河流,随着学校的发展而奔流不息,最终成为取之不尽、用之不竭的精神源泉;更像空气一样弥漫在我们的周围,最终成为学校的灵魂。我们把"激发师生的生命活力,提升师生的生命价值"这样蕴含着创新精神的办学理念融会贯通在每一名师生的心中,这里面体现着历史文化的积淀、现代教育的诉求,以及学校对每一位师生的期望,它构筑成我校精神文化内涵的核心价值,时刻引领着师生们幸福成长。

学校注重校本课程的开发,围绕"体育游戏与健美竞技""异域文化与本土知识""科技进步与生态环境"三大主题建设校本课程,逐步形成了科学与人文整合、体系开放、体制创新的校本课程体系。"体育游戏与健美竞技"校本课程,种下一棵健康的树。让学生在运动中建立团队意识生成团队精神,在运动中感受集体力量的强大,另外通过力量的训练来感受美、欣赏美、感悟美、寻找美,彰显学生个性,培养创造性的人格,从而形成了学校体育特色。"异域文化与本土知识"校本课程,撑起一片湛蓝的天。以继承本土文化

精华为底蕴,将中国传统文化发扬光大,毛笔、硬笔、古诗文诵读,是师生每天必修的课程。同时培养学生学习异国语言的兴趣,增强学生参与国际交流的意识,从而形成学校的语言文化教学特色。"科技进步与信息时代"校本课程,扬起一叶希望的帆。让学生在到处弥漫着信息符号的太空中自由翱翔,形成全校对科学素养的追求,营造学校的科学教育特色。主题课程的开发,高屋建瓴,放眼于未来而不局限于现在,重要的不是要求学生能发明什么,而是培养其发现问题的智慧和提出问题的勇气。校本课程的建设使"合格+特色"的办学思想成为现实,同学们的创造精神在不断萌生,创造能力也得到了较大提升。

同时积极开设社会实践活动课程。广泛利用丰富的社会资源,积极引导学生开展研究性学习和社会实践活动。举行野外拓展训练营,农作物种植基地的采摘活动,科技基地的实践活动,可口可乐生产线的参观活动,校内拉丁舞、健美操、民族舞、古筝、葫芦丝、花毽、击剑、十字绣、合唱等社团活动,同时根据学校的实际情况自行创办一些具有本校特色的校本节日。3月份的"争做护绿小使者节"、4月份的"信息世界探秘节"、5月份的"我读书我快乐读书节"、6月份的"英语转转双语艺术节"、9月份的"回报师恩教师节"、10月份的"红色歌曲大家唱合唱节"、11月份的"小五环体育游戏节"、12月份的"小湖书法绘画节",从节日名称的确定、会标的设计、标语口号的拟定到活动方案的实施,都是由孩子们独立自主完成的,孩子们在参与这些活动的同时陶冶了情操,也培养了自己的创新精神和实践能力。

"三园"学校文化建设对培养创新人才起到了土壤和温室的作用,使我们的学生具有了健全的人格、高质量的情商、敢于创新的精神与勇于实践的能力。2005年至2008年我校连续荣获南开区教学质量优秀校,学生多次在全国各种大赛中获奖。我校学生在吕海峰老师的指导下连续两年荣获区动手能力大赛一等奖;在市区各种绘画沙画比赛中近200名同学获各种奖项;

我校的啦啦操表演队在李蓓老师的指导下荣获天津市啦啦操比赛一等奖，2008年3月7日天津《球迷报》对我校啦啦操体育活动的开展进行了整版报道；拉丁舞表演队在区红星艺术团展演和社区展演中获优秀奖；2008年天津市击剑锦标赛，我校学生获女花团体第一名，同时获2008年体育人才后备学校体育竞技比赛第一名；2008年3月17日《球迷报》对我校开展体育游戏的活动情况做了全面报道，与此同时48名同学在刘红艳老师的指导下获市区信息技术比赛一、二、三等奖。"三园"学校文化的核心就是立足于全体学生，使学生思维敏捷、感情丰富、兴趣和爱好广泛、精力充沛、喜欢活动；就是引导学生在学习中创新、劳动中创新、生活中创新。在这种文化的熏陶与感染下，我们有理由相信，在学生成长的历程中"三园"将为他们善于创新打下基础。

风湖花絮

◎ 以"爱"促"发展"，引领教师快乐成长

对于一所学校来说，人是最关键的发展因素。而人只有在身心感到和谐愉悦的时候，才会激情四射，活力焕发。要建设一支充满活力的教师团队，学校管理者必须树立一种全新的教师管理理念——"回归生命，关注生命"，即管理者将管理思考的视野从教师的工作领域转变到生命领域，将教师的发展目标由工作层次提升到生命层次，从"工作体"向"生命体"回归。学校管理者首先要在学校营造"爱"的氛围，让每位教师每天都快乐起来。教师是知识层次比较高、自律性比较强的特殊群体。学校管理者要读懂教师这一特殊群体，就要深入到教师中去、了解教师的需求与想法。其次，学校管理者要全力营造和谐的教师管理文化，为教师提供能源，让更多的教师找回自信和价值，拥有幸福的人生，把谋求教师的全面自由发展当作教师管

理的终极目标。管理要做到从"工作体"向"生命体"回归,管理者必须树立"关注生命"的理念,立足于爱,学会感激、赞赏、公平和引领。

○ **真挚的"爱"使班子成员相互依靠、彼此信任**

"一个好的领导班子就等于一所好的学校。"校长要善于调动班子每一位成员的积极性,使其在合适的岗位上,彰显个性,发挥应有的作用。2005年秋,学校领导班子进行了新老交替,当时班子成员共有8人,平均年龄42岁。为了使班子在短时间内形成合力,新上任的校长与班子的每一位成员进行了"打开心灵之门"的恳谈,一次次语言上的交流也是心灵上的沟通。原打算调离学校的两位主任打消了要调走的念头,两位老校长也表示一定通力合作。仅仅一个月,班子的全体同志达成共识:高素质的干部队伍是顺利开展各项工作的前提和关键,只有使班子成为群众的榜样和核心,才有可能形成合力,形成健康向上的氛围。新的领导班子在实际工作中确实经受住了考验。每天7点钟声刚刚敲过,大部分领导都已来到学校,7点30分都精神饱满地站在校门口迎接老师和学生,晚上最后熄灭灯光的是校长室和主任室。除夕夜、春节值班,当家家户户阖家团圆的时候,守候在学校值班室的是行政老师、党员和入党积极分子。节假日清扫积雪、整修校舍,那忙碌的身影依然是领导班子的每一位成员。寒假期间,一位老校长曾三次被值班人员叫到学校抢修男厕水管,每一次他都是处理完毕才通知校长。另一位老校长虽然家中的第三代急需她照顾,但考虑到学校的工作,放弃许多个人想法,一丝不苟地处理好工作,而且每天都是很晚才离开学校。四位年轻干部对待各项工作做到分工不分家,双休日偷偷加班工作,四个人既是和谐的伙伴又亲如兄妹。两年来,四位青年干部的思想觉悟、工作水平与能力,都有明显的提高,他们的工作也得到了上级主管领导和全体教师的认可与肯定。他们热爱学校、脚踏实地、无私奉献、团结向上的精神,充分体现了共产党员的先进性。后来其中一位同志被任命为副校长,另一位同志被南开区教育局小教科聘任为英语学科的视导员,负责全区一二年级英语学科的指导工作。

○ **真实的"爱"使管理工作有情有味**

教师队伍是学校的发展之基,竞争之本。管理者常常向往每位教师都能发挥自己的智慧和创造性。而教师的创造性是在合理的生存状态和宽松和谐的环境下产生的。要办好学校、加强教师队伍的建设,新一届班子要做的首要事情是抒顺教师情绪。

学校克服一切困难,努力改善教师的工作条件。为了让教师有一个舒适的工作环境,领导班子经过研究决定将所有教师的办公室由阴面调到阳面;为了让教师中午吃上热饭,在每一个楼层添置了微波炉;为了让师生冬季在楼道里更加舒适,冬季在每一个楼门上都安装了保暖门帘;为了让老师更好地进行研究与教学,学校购买了电视机、实物投影仪,让每个教室做到一室两机,并为每个办公室配备了电脑;为了使教师的业余生活更富有色彩,深秋时节利用周日时间带领老师们登香山看红叶。虽然这些只是小事,但拉近了管理者与教师们的距离,使领导班子与教师的心贴得更近了。

另外,领导班子时刻关心教师的生活,利用休息日到三位即将退休的老教师家探望,到五位已退休的正副校长家慰问,到七位年轻教师家家访,到生病教师家慰问,到医院慰问教师生病的家属,为家庭有困难和困扰的教师排忧解难。两年中校行政部门共慰问教师及教师家属98人次。班子将老师的每一件小事都装在心里,嘘寒问暖,雪中送炭,教师们感激,家属们感动,纷纷为学校的发展出谋划策。退休教师每年的联谊会,让他们找到了家的感觉。每一位风湖人对学校都有了认同感和归属感。

○ **诚心的"爱"引导教师走向自觉发展,使教师健康快乐成长**

1.心存感激,使管理者与教师心贴得更紧,情结得更深

生命需要感动,成功的管理者应该长存感激,因为80%的功劳不是自己

的,而是教师们的。要感激什么?感激教师们对管理者的理解与宽容;感激教师们在平凡琐碎的教育生活中的创造和超越;感激教师们每一个踏实的脚印,每一滴辛勤的汗水。感激就是把阴沉变成笑脸,感激就是让甩手换成握手;感激就是在教师生日那天送上一个祝福的蛋糕,听完课后说一句"您辛苦了";感激就是每天早晨站在校门口用笑脸迎接教师,认真阅读教师每一份教案并写上真诚的话语;感激就是让冷冰冰的"条例"富有人性。

2.真心赞赏,使教师生命不断闪光

人的心灵深处有一种与生俱来的渴望——得到赞赏,赞赏是最好的激励。赞赏是一把火,会把教师心灵中的那份激情点燃。赞赏一定要用真情。真情赞赏,真心赞赏,时时可赞赏,处处可赞赏。为了能够激起教师心中的那份激情,班子成员要用赞赏的眼神看待教师,要用赞赏的语言与教师交谈,日常工作中要具备耐心和细心。因此微笑常常挂在我们的脸上,"您辛苦了"常常会挂在我们的嘴边。每周的全体会将教师们的闪光点一一叙说,每一件小事都不错过。激情被一点点点燃,主动参与学校事情的人多了,教师们的工作不再被一催再催,行政班子不再因集体劳动没有人响应而为难。全体教师心中达成了一个共识:"风湖"是我家,我爱"风湖",我与"风湖"共发展。如今不管是平日的大扫除,还是整修校舍,不管是清扫积雪,还是大活动的前期准备,只要学校一声令下,全体教师都会加入忙碌的队伍。教师们用实际行动证明与"风湖"不可割舍的血脉关系。

3.公平公正,使教师享有"做主"的权利

生命渴望公平,校园是生命成长的圣地,最最忌讳的就是不公不正。公平要靠制度保证,制度要靠民主程序来制定,这样才能最大限度地体现公平。这就要充分保障教师有权参与事关他们利益的决策过程。我们补选了教职工代表大会(下文简称"教代会")委员,成立了新一届的教代会,进行了工会的改选,在实际工作中充分让工会、教代会、组长参与。制度的修订、财务收支情况、基建项目、装修、大型设备采购、资金投入、职工福利等,所有方案由酝酿到修订直至公布均以教代会名义向全校公开。2007年是大评优年,各种评优接踵而至,由于领导班子充分依靠广大教职工,工作开展得非常顺利。另外学校坚持大问题集体决策制,学校和教师的重大问题都必须经校行政会或教代会集体讨论决定,保证了在风湖工作的全体教职工心齐气顺。

4.有效引领,为教师的追求指点方向

生命需要引领。引领就是通过赏识表达你的信任与鼓励,通过对话表达你的思想与激情,通过服务传达你的真诚与帮助。这就是引领,一种无声的引领。

"德为师之本",领导班子运用"寓情理于故事之中"的方法进行师德引领。每周全体会上,学校都要给大家介绍一个寓意深刻的小故事,教师通过自我体会和感悟达到提升。与此同时在广大教师中深入开展"五颗心"活动,"风湖快乐读书活动"引领着教师和学生向更高层次发展。学校赠予每位教师一本书和三句话:"激活生命,提升品位,和谐发展。"希望书籍带给教师的不仅仅是快乐,更重要的是世界观和人生观的改变。另外用典型人物引领,促教师行动变化。学习张思明校长"用心做教育",学习孟二冬同志催人泪下的事迹,以及自己周围同志的闪光点,这些大大促进了教师行动的转变。连续四个学期末,全校语数外老师主动开展"爱心一小时"活动,放学后为家中无人看管或学习有困难的学生义务补课一小时。"以优质教育回报社会"的家访活动,"风湖师德论坛会"和"四满意创建活动",这些活动大大提高了我校的社会声誉。

学校为教师的发展构建助飞跑道。虽然学校的经费非常紧张,但为了教师的可持续发展,学校努力为教师创造各种外出进修学习的机会,聘请教研室各学科的教研员对教学工作给以指导,召开"我与风湖共成长"中青年教师拜师会,聘请区内外名特优教师组成专家顾问组,借助精英力量发展学校。事实证明我们学校的教师是积极向上的、是优秀的。两年中,我校先后有41人次教师在区教研会上说课、分析教材、做示范课与研究课,1人获学科状元,1人获华泽杯优质课比赛二等奖,1人在信息技术整合课比赛中进入市级决赛,1人获体育学科优质课比赛三等奖,2人获体育技能考核一等奖,1人获南开区动手能力大赛辅导教师一等奖,2人获红星艺术团指导教师奖。

抓住契机统一引领。均衡教育为我们这些规模比较小的公办校带来了发展的动力,全体教师达成共识:新一年级是一个很好的契机,要牢牢抓住不放过。新生入学前学校做了精心的准备,粉刷教室,重新布置楼道,翻修厕所,美化校园,整整忙了一个暑假。同时学校将经验丰富的教师安排在一年级教学。每一位教师利用每天四次接送学生的时间与家长交流,像妈妈一样对每一个孩子都精心呵护,学校良好的口碑在家长中建立起来。家长们说,看到老师们每天忙碌的身影,从心底里心疼。这朴实的话语道出了家长对学校和老师的信任。教师们用实际行动证明公办小学的实力和风采。一年级的全体教师在共同努力拼搏下被评为区局级优秀年级组。在视导团的精心指导下,年级组三位教师先后在区片做展示课,邓彤老师参加区均衡教育教师风采的展示,在"三青三名"评选中四位一年级教师榜上有名。教师的发展促进了学校的发展。为了让"风湖"的孩子们全面发展有特长,我们聘请华夏未来的老师对学生进行拉丁舞训练,聘请少年宫的教师将书法引入课堂,在一年级开设了英语校本教材……这些成果已在2007年6月6日"我们与风湖共成长均衡教育成果展示会"上向家长、社会、上级领导进行了展示汇报,得到了广泛称赞。天津市南开区有线电视台、天津广播电视台、《天津教育报》进行了专题报道。南开区田径基地校在我校的建立、"1121"工程的启动仪式、首次以田径基地校发起的全区运动会,促进了学校体育艺术教育向纵深发展。风湖里小学师生、亲子趣味运动会将我校体育艺术活动推向更高潮,市体育局、区教育局、区体育局各级领导给予高度重视,前女足著名运动员高红被聘为我校阳光体育活动名誉校长,《天津日报》《今晚报》《天津教育报》、天津广播电视台、天津市南开区有线电视台、北方网等多家媒体都进行了报道。我校参加全国啦啦操比赛获天津市小学组一等奖,我校田径队参加天津市后备人才学校运动会获天津市第一名。

通过机制引领。学校建立了师德、教育、教学月评估制度,以制度引导教师逐步走向自觉发展。以"爱"促发展,不是"姑息"更不是"纵容",而是创造出利于教师发展的最佳环境,这最佳的环境还是需要以逐步完善的制度为保证。两年来,学校在实践中不断完善修订各项评估制度,将教师日常教育教学工作师德表现与他们的奖励奖金挂钩,做到优奖劣罚,将精神奖励与物质奖励有机地结合起来,激励教师们自觉发展、努力提升工作水平。

两年来在全体教师的共同努力下,学校先后荣获天津市文明学校、南开区优质教育优秀校等18项荣誉称号。

建设充满爱的教师团队,营造每天都快乐的氛围,使教师们在风湖里小学这个集体中,更多地体验工作中的快乐,更多地收获生命的快乐,使校园真正成为生命共生、共存和共同成长的乐园将是我们为之不懈奋斗的目标。

（2007年区级德育工作交流发言）

◎ "三园"文化助力德业双馨

金色深秋,我校迎来了建校二十周年盛大庆典。我校于1988年建校,经过二十年的发展,学校由当初的5个班发展到现在的16个班,由当初的几十个学生发展到现在的400多个学生。

二十年前,在老校长张颖的带领下,当时二十多位中青年教师放弃个人休息时间,种下一棵棵小树,砌下一块块地砖,那情景至今令风湖人难以忘怀。如今前院已绿树成荫,象征着我们风湖里小学在各级领导、共建单位的关心指导下,经过三代风湖人的艰苦奋斗,已经成长为一个充满朝气的教师团队,一心追求卓越的公办小学。

学校先后取得"十一五"国家重点课题德育科研先进实验学校、天津市行为规范示范校、南开区优质教育优秀校、区级师德风范校、连续两年的教育教学质量优秀校、体卫工作优秀校、好习惯培养优秀校、教师专业化发展优良校、南开区红星艺术团分团等荣誉。

二十年前,第一届领导班子为学校发展规划出"三园式"办学模式的蓝图。而后,第二届领导班子在校长王文莲的带领下,继续深化"三园"办学模式,现在我们正进一步完善"三园"办学模式,秉承"激发师生的生命活力,提升师生的生命价值"的办学理念,努力构建"花园,学园,乐园"的学校文化,以教师队伍建设为重点,以课堂教学改革为主线,以校本课程开发为突破口,以校本研修为抓手,改革师生评价,在实践中成长。

我们从五个"抓住"入手,保证教育教学工作顺利进行。

第一,我们抓住根本——教师的"魂",坚持"以爱育爱",形成"先爱后教"的理念,要把爱的阳光洒在每一个孩子的心灵深处。结合"四争创活动"在广大教师中深入开展了"五颗心"活动。教师们通过自我体会、自我感悟,达到自我提升。老师队们勤恳、扎实、注重细节的工作风气,使得家长由最初的不得不进入风小,到爱风小、赞风小、宣传风小,老师们用实际行动证明公办小学的实力和风采。

学校注意为骨干教师搭建实现自我价值的平台,让青年干部带头参与课改,聘请他们作为青年教师的师傅,引领他们靠近党组织,使骨干教师都能成为拔尖人才。学校还通过"三期"管理,促青年教师尽快成长。学校制定并实施了"力争五年成为骨干教师的发展计划",实行了"二带一师徒制",提高他们的业务能力。

2008年10月22日,《天津教育报》头版头条刊登的文章《用爱心铸就高尚师德》对我校的师德建设进行全面报道,对"以爱育爱"的师德理念给予充分诠释。

第二,学校注意抓住学校发展的关键——教师的专业成长,深化并完善了促进教师专业化发展的七项措施,即强师德、督学习、重教研、抓课堂、促交流、倡反思、多实践。

教师专业化发展七项措施促成一批课改骨干的生成,在2008年的教师节表彰会上,我校被评选为教师专业发展优良校。我校先后有两位老师被认定为中学高级教师职称,两人获学科状元,168人次教师荣获市、区、校级各种奖项。

第三,学校注意抓住亮点——打造环境文化,加速校本课程开发。我们自力更生,美化了前操场,结合传统文化、科学和面向世界的教育布置了特色楼层,使"花园式"的学校文化在孩子们成长的道路上逐渐显现出"润物细无声"的教育魅力。我们积极构建具有风小特色的校本课程。围绕"体育游戏与健美竞技""异域文化与本土知识""科技进步与信息时代"三大主题建设校本课程,逐步形成了科学与人文整合、体系开放的校本课程。我们在一、二、三年级开设了健美操校本课程。让孩子们通过训练来感受美、欣赏美、创造美,形成了学校体育特色。

每天清晨10分钟的古诗文诵读,每天下午15分钟的硬笔书法师生共练,每周一次的教师粉笔字展示,这些是我校师生的必修课程。我们在一、二、三年级开设了英语的校本课程,形成学校的语言文化教学特色。

"科技进步与信息时代"校本课程,营造了学校的科学教育特色,培养学生的科学素养。

学校还积极开设社会实践活动课程。我们还根据学校的实际情况自行创办了一系列具有本校特色的校本节日。孩子们通过参与这些活动陶冶了情操,也培养了创新精神和实践能力。

第四,我们要抓住完善评价。学校构建了发展性教师评价方案,通过评价促进"事业型、研究型"教师队伍的建设。对学生评价,我们注重以下两种评价:成长过程评价和课堂即时评价,促进学生在德、智、体、美、劳全面发展。

第五,我们要抓住机会加强教育科研。为进一步推进学校的课程改革,我们进行了三项课题的研究,引领教师提升研究水平。

回顾风湖里小学20年来的成长史,我们深切地体会到:是上级领导的关怀指导,是共建单位的大力支持帮助,是老领导和老同志们的艰苦奠基,是前辈风湖人的不懈探索,才有了风湖里小学的今天。

展望未来,我们深知发展是永恒的主题,我们任重而道远。但今天的风湖人坚信:只要我们坚持以科学发展观为指导,坚持干事创业,持久开展"四满意"活动,勇于创新,不懈进取,一定会以自己的真诚付出为风湖里小学创造出更加美好的明天。

(2008年12月29日在庆祝建校20周年大会的发言)

◎ 阳光体育,育德育心

我校是南开区田径基地校、天津市体育后备人才学校,曾荣获天津市体育后备人才学校2007年小学组第一、南开区田径运动会第一名、天津市击剑锦标赛女花团体丁组第一名。2006年5月我校率先在南开区小学内举办了"1121"工程的启动仪式并编写了"1121"体育艺术评价手册;2007年4月又率先在南开区举办了"风湖杯田径基地校运动会",全区30多所学校参加了比赛;为了使我校的体育工作向纵深发展,2007年9月我校聘请前国家女足著名运动员高红为我校阳光体育活动名誉校长。我校体育游戏活动的开展情况,被《球迷报》记者全篇报道,同时被中央电视台《金螺号》节目组录制并播出。2007年11月1日我校又成功举办了"师生、亲子体育游戏大赛",南开区教育局杨志成局长为高红颁发了名誉校长证书。2007年9月我校又成立了南开区首支小学健美操表演队,在市级比赛中屡获佳绩,为我校的体育工作又注入新的活力。几代体育教师传承并发展着学校的体育特色,将历史的东西不断赋予新的内涵,现将我们的一些做法汇报如下:

1.领导重视、体系健全、目标明确

(1)领导重视体育卫生工作,有完善的管理机制,明确分工,责任到人,监察与激励相结合,对出色完成工作的教师给予不同程度的奖励与表扬,使其保持积极向上的工作状态,保证计划的全面落实。

(2)学校设有体育卫生工作领导小组,有分管体卫工作的专职主任,以此对学校体育卫生工作加强指导和管理。

(3)学校有一支强有力的体育教师团队。4名体育教师中本科3名、专科1名;其中3名教师是小学高级教师,1名为南开区体育学科状元。在工作中明确工作的职责、目标和要求,保证体育工作有组织,有计划,有步骤地顺利进行。

(4)学校重视体育卫生师资队伍建设,鼓励教师外出参加培训,把青年教师放到重要岗位锻炼,不断提升体育教师的综合素养。

(5)在学校资金相对紧张的情况下,坚持每年体育卫生工作经费投入占学校总投入的40%。积极关心体卫教师的生活及福利待遇,保证体育教师每人每年不低于200元标准的运动服费用。学校克服各种困难积极落实国家教育委员会规定的有关中小学体育器材、设施配备的要求,逐步达到规定的要求,仅2008年学校对体育卫生工作就投入近4万元经费。

2."健康第一"为指导,抓好体育教学工作

(1)学校认真学习贯彻国家有关体育的政策和法规;制定了落实相关规定的规划,将体育工作列为学校重点工作内容之一,并纳入校行政议事日程,校长把关,全程参加体育组的各种教研和研讨活动。

（2）严格按教学计划开足体育课、健康教育课和艺术课，安排好体育课（低年级每周4节、中年级每周3节、高年级每周2节），上午和下午均有30分钟大课间活动，并列入课表，保证学生每天有一小时体育活动时间。

（3）严格按《体育教学大纲》和课本规定内容制定教学计划、写好教案、备好课，认真组织教学。在教学中既注重学生体能训练，又注重培养学生创新思维和创新能力，逐步培养学生自学、自练、自控、自测等多项能力，调动学生的积极性和主动性，以学生为主体，让学生在轻松愉快的学习环境中提高运动技能和运动能力，使学生得到全面的发展。几年来，在教研员老师的大力帮助下，体育教学成绩显著：全体体育教师教案均达到区级优秀等级；体育教师刘毅、孙胜、王政等教学研究课得到教研员老师们的肯定和好评；孙胜老师获区评优课三等奖；王政老师获区评优课二等奖；刘毅、孙胜老师在体育教师基本功考核中获得一等奖；杨文宝老师的科研论文获得全国十四省市论文评比三等奖。

（4）抓好《国家学生体质健康标准》的测试登记工作。《国家学生体质健康标准》是促进学生体质健康发展，激励学生积极进行身体锻炼的教育手段，是学生体质健康的评价标准。通过两年来对比学生体质测试情况，我校学生的体质在不断提高。

3.丰富课间活动，培养学生自觉锻炼习惯，推动群体工作开展

（1）坚持"两操一活动"

"两操一活动"是反映学生整体面貌、推进素质教育的重要手段，也是学校体育工作的一项重要内容。以各种形势开展校际广播操比赛，确保"两操"质量，同时激发学生对体育活动的兴趣。

（2）坚持全校性的群体活动，学生的参与率达到100%，扩大了活动娱乐领域，丰富体育知识和技能，提高了运动经验。培养了一些体育小骨干，在班级里起到了重要作用。

（3）体育活动内容、场地器材给予落实，确保学生的活动有效落实。

（4）制定校内竞技小比赛：每月必保证单项群体比赛；5月份为全校运动会；11月份为"小五环"体育游戏节暨"1121"工程体育艺术测试展示活动；12月份为全校冬季长跑月。

4.开展阳光体育，增强学生体质

（1）增强学生体质，促进青少年健康成长，是每一位家长的迫切愿望，也是素质教育追求的重要目标，更是关系国家和民族未来的大事。学校深入贯彻落实《中共中央国务院关于加强青少年体育增强青少年体质的意见》，以及吸引广大学生走向操场、走进大自然、走到阳光下，积极参加体育锻炼为突破口，把阳光体育运动作为素质教育的一件大事来抓。切实保证学生每天参加一小时课余体育锻炼。让"每天锻炼一小时，健康工作五十年，幸福生活一辈子"的理念深入全校师生内心。根据小学生活泼好动、探索求新的特点，决定将快乐体育、趣味体育、艺术体育引进体育活动之中，在每天下午课后，设立阳光体育健康游戏一小时，每天一个年级，安排好活动内容，对学生的活动进行辅导。通过师生共享的快乐游戏，让校园体育变得和谐生动、活泼有趣。

（2）挖掘潜力，发挥各学科教师的特长和积极性，形成全体教职工关心校园阳光体育的氛围，同时引进体育教学人才，不断充实体育教学力量。在学校开展的拉丁舞、健美操、太极拳等体育健身项目中，不但体育教师认真辅导，其他学科的老师也成为阳光体育健身的骨干力量。

（3）面对前所未有的体育健身热潮，体育设备设施的欠缺问题出现，学校决定把阶梯教室改造成健身场所，同时解决了运动场馆问题。老师们还自力更生制作简易可行的健身器材，学校的做法得到了家长的赞同和支持，家长纷纷制作健身器材送到学校。师生的广泛参与，家长的大力支持，我校的校园体育活动已经成为一道靓丽的风景线。

5.阳光、绿茵、笑脸、活力

"师生、亲子健身游戏大赛"是学校开展阳光体育运动的一种新尝试,它以体育健身游戏为主要内容,共设立了30个体育游戏项目。项目的设立既有传统校园项目,又有趣味项目,还有国际运动组织推荐的健身游戏。二十世纪五六十年代普遍流行的游戏也请进了校园,许多家长和老师对这些久违的童年游戏既熟悉又亲切,他们兴致勃勃地与孩子们一起享受着游戏的快乐,形成了亲子共享、师生同乐、健康、活泼、积极、向上的新气象。学生积极性高,学生参与率达到100%,家长参与人数近200人。

6.坚实的基础、优异的成绩

(1)课余训练和竞赛是学校体育工作的重要组成部分。课余训练对活跃学生课余生活,促进学校体育工作开展,发展学生特长,培育后备人才具有积极的意义。

(2)我校是天津市市级田径传统校、天津市中小学体育后备人才学校、南开区小学田径训练基地学校。田径队、篮球队每天坚持训练1小时,做到"四固定"、科学训练、重点培养、夯实基础,为参加比赛做好奠基工作。

7."1121"工程促进学生健康发展

(1)学校成立了"1121"工程测试领导小组,制定了活动实施方案,2006年10月起全面实施。

(2)学校开设了十余个体育、艺术活动小组,每周按时开展活动,在活动中注重发现和培养学生的体育、艺术潜能与兴趣,使学生的体育、艺术水平得到提高。"1121"工程的开展将德、智、体、美融为一体,达到了以体促德,以体益智的目的。

(3)确定项目按不同年级设定不同的项目(体育类、音乐类、美术类)标准及不同活动的测试方法(学校运动会、艺术节展示、歌咏比赛)。

(4)学生自己选择体育活动内容,并在家长的支持下,由体育教师与家长共同辅导练习,由学校统一进行测试。通过实践不仅培养了学生对体育艺术活动的兴趣,同时使每名学生都能受到良好的体育艺术教育。

8.积极构建具有风湖里小学特色的校本课程,促进师生全面发展

"体育游戏与健美竞技"校本课程,在一、二、三年级开设了健美操校本课程,让孩子们在运动中建立团队意识,培养团队精神,另外通过力量的训练来彰显学生个性,培养创造性的人格,从而形成了学校体育特色。两年来屡获佳绩:健美操《激情奥运》《动感宝贝》在2007年和2008年连续获年度南开区红星艺术团文艺汇报演出优秀节目奖;2008年11月获2008年全国万人健美操大赛"威志杯"天津赛区(少儿组)大众等级团体一等奖(2个),团体二等奖(2个);2008年5月健美操《快乐宝贝》《活泼宝贝》获2008年天津市健美操健身舞大赛暨天津市健美操锦标赛青少年丙组二等奖;2007年11月健美操《激情奥运》获2008年全国万人健美操大赛天津赛区一等奖。

9.工作成果

(1)1998年至2003年我校代表南开区参加天津市中小学田径运动会,连续5年获得天津市小学组团体第一名。

(2)2007年4月15日组织举办了"风湖杯",是全区各小学参加的全能比赛。

(3)2007年5月23日参加南开区太极拳比赛获一等奖。

(4)2007年6月15日由天津市体育局邀请参加中国奥委会举办的"奥运体育进社区天津地区展示活动"。我校拉丁舞、太极拳进行了此次活动的汇报展示。

(5)2007年8月协助南开体育学校组织全区小学田径夏令营活动。

(6)2007年10月28日参加天津市后备人才学校田径运动会获市区小学组第一名。

(7)2007年10月29日参加"奥运体育现场展示"并在游戏比赛、全国健

身操锻炼标准大赛获小学组一等奖。

(8)2007年11月1日举办了亲子师生"我健康、我快乐、我幸福"体育健身游戏大赛。8家新闻媒体进行宣传报道。

(9)近几年来学校连续获得了南开区体育工作先进单位。

(10)2008年在天津市健美操比赛中获得了全市小学组一等奖,并有10人次获得比赛单项一、二等奖。

几年来我校在上级领导的正确领导下,工作取得了一定的成绩,但还有很多不足,今后更加严格管理,紧密配合,踏实、创新工作。今年学校又被南开区教育局评为体育卫生工作先进单位学校,这无疑为风湖里小学的发展提供了新的机遇,在保持优势的同时,如何开展具有风湖特色的体育文化,将是我们学校新时期的奋斗目标,我们会以此为契机努力使风湖里小学的体育卫生工作不断向前发展,为南开区的体育工作贡献一份力量。

(2009年2月体育工作区级经验汇报)

◎ 抓住机遇,迎接挑战,让普通校绽放光彩

天津市实施义务教育现代化学校建设标准,这是一件促进均衡教育、提升义务教育阶段学校综合实力、惠及百姓的民心工程。我校有幸被区教育局确定为首批试评学校,这为学校的发展注入了新的生命活力,使学校的办学条件、师资队伍、办学质量有了大幅提升,现就以下三方面进行汇报:

1.统一思想,凝聚人心

2009年4月16日,我们正式接到南开区教育督导室的通知,将在5月份接受市专家组的试评验收。接到任务后,我们努力沉下心来冷静思考,并在广大干部和教师队伍中达成三点共识:试评是对我们日常教育教学、管理工作的检阅;试评是促进学校再提升的好机遇,应牢牢抓住不放过;准备的过程是一个凝聚人心、挑战自我的过程。达成共识后通过教师的全体会、座谈

会、家委会、家长会、学生代表会、社区负责人座谈会等多种会议,使干部、教师、家长、学生、社区共建单位统一思想:应抢抓机遇,让风小借着现代化标准建设的东风整体提升水平。在美好的愿景和共同目标的引领下,我们携手将困难变成挑战,将压力变成动力。老师们克服各种困难,放弃一个个休息日帮助学校整理图书、规整仪器、研究教材、清整校园;为了学校的文化建设,年仅24岁的美术老师带领他的团队在学校度过了一个又一个不眠之夜;为了使学校的办学条件更规范化,还未成家的穆佳欣老师放弃与女朋友约会的时间,整整40天坚守在学校;为了使仪器室的建设更精细,王艳老师把年幼的孩子交给妈妈,把因病住院的公婆交给丈夫,除去上课、带班,其他时间就把自己关在仪器室里,整整两个星期每天离校的时间几乎都在子夜;一些老师的孩子正在读高三、初三、小六父母,但他们没有一点点特殊性,只要学校一声令下,就无条件地投入到学校的工作中;学校干部更是用"润物细无声"的人格魅力去引领每一位老师,想在前,干在前。家长被老师们的行为感动,放弃休息日到校帮助老师做大扫除,有的学生家里老少三代齐上阵;老师们也被家长感动,为家长购买矿泉水、饮料……我们用相机记录下这一个个感人的时刻,我们用实际行动诠释了风湖精神:"脚踏实地,传承爱心,积极进取,和谐发展。"

2.整体规划,有效落实

(1)学透标准,明确分工,责任上肩

"100条建设标准"是此次现代化学校建设的依据,学校行政班子带头反复学习、研究标准。深挖标准的内涵,同时组织全体教师学习,并以解读、讨论等方式使老师们清晰标准的内容,并对照标准知晓自己的短板,在改进上下功夫。另外学校针对标准要求成立四个项目组,确定负责人,每周定期召开两个会议,商讨四件事情:工作进展情况,出现的问题,解决的办法,下一步的工作安排。需要协调的问题由负责人在负责人会议上提出并沟通解决。明确分工、责任上肩是工作有效实施的前提保证。

(2)用办学理念引领达标建设

我们将学校文化建设作为达标建设的主线来抓。为了使学校的办学理念更具科学性,学期初我们将天津市教育科学研究院的专家、市特级教师、我校的退休老校长、现岗的骨干教师以及家长代表聚集在一起,请他们对学校的办学理念、办学思想、办学特色等进行论证和商榷,同时在全校教师中进行了广泛的讨论,最终使"以爱育爱,体验成功,激发活力,共同成长"的办学理念成为我们办学思想的中心。它蕴含了风湖里小学三代校长和老师们孜孜不断的追求。同时在师生中达成共识,融入每一个师生的思想中,成为我们办学的方向、行动的指南。

(3)以扎实的建设过程提升学校的软实力

我们在达标建设中把准备评估验收的过程变成不断完善和提升教育教学水平,完善学校管理的过程。我们重师德,通过读书感悟,走进故事感悟人生等形式来提升教师的精、气、神。通过强师德、督学习、重教研、抓课堂、促交流、倡反思、多实践七项措施,切实促进教师专业化提升;借助"研训一体"的有效手段,来强化教师的教育教学能力;以校本培训为手段,来夯实教师的教育教学基本功;以校本教研为途径,来提高教师处理文本的能力。另外多措并举促教师专业化水平的提升。老师们将评估验收的压力变为自主学习、自主提升的动力,将评估验收过程变为提升自我的过程。

3.义务教育现代化学校建设使普通校绽放光彩

在领导的大力支持下,全校干部教师凝心聚力拼搏奉献40天,使学校发生了翻天覆地的变化。我们的办学条件得到充分改善,耗资将近一百万元建设集足球场、排球场、篮球场、乒乓球区于一体的现代化塑胶场地;具备了环境优美、设施先进、有专业特色的专业教室,以及体现人与大自然和谐发展的标本展示区;具有了可以容纳15位教师同时上网备课的电子备课室、教师阅览室;每个年级具备了一套多媒体设备;每个楼层都有一个可以供学生全天阅览借阅图书的图书阅览室;每个楼层有温水饮水机;建立了校园网,搭建了我们与外界对话的桥梁。这些让我校向现代化迈出坚实的一步。

通过义务教育现代化建设使我们深刻认识到:管理的现代化要体现师本和生本,体现教师的生命价值,张扬学生的个性。

在此次评估验收中专家组给予我校充分肯定,荣誉应与大家分享,感谢区政府、区教育局领导的大力支持;感谢区督导室、设备站、小教科、教研室及相关科室的耐心指导;感谢兄弟校校长的帮助!我们深知我们只是一所普普通通的公办小学,但是我们有信心,借助义务教育学校现代化标准建设的东风,办出我们的特色,办出我们的风格,让普通校绽放光彩!

（2009年6月天津市首批义务教育现代化学校建设全区经验介绍）

◎ 点亮星星火炬,培育展翅雏鹰

1.率先垂范,做广大少先队辅导员教师的榜样

"人不率,则不从;身不先,则不信",作为一名年轻的干部带头和示范显得尤为重要。因此爱岗、爱校、爱才时刻体现在自己的工作中,以实际行动诠释"以爱育爱"的办学理念,以旺盛的工作热情,自身的人格魅力去感染、引领广大少先队辅导员共同为学校的奋起和腾飞而努力工作。

2.关心少先队工作,为少先队辅导员搭建展示的平台,维护好广大少年儿童的合法权益

少先队是我们党和团的后备军,它关系到整个民族的兴与衰,那么作为学校的校长要关注少先队工作,关心广大少先队辅导员,关怀每一个学生。上学期义务教育现代化建设使学校经费极度紧张,但我们多措并举,保障少先队的各项社团比赛和活动顺利完成。合唱团的区级比赛,健美操社团的全国比赛和天津市比赛,仅这两项学校投入将近三万元。此时三万元不仅

仅代表一个数字,换回的是大中队辅导员思想的凝聚。另外学校注重为中队辅导员的发展搭建平台:鼓励中队辅导员参加市内外的各种培训;每学期学校聘请市区专家为辅导员做辅导,每月定期开展辅导员论坛和工作交流会;为刚刚踏入风小的青年中队辅导员聘请有经验的老辅导员当师傅做引领……一系列的措施促进了辅导员队伍的专业精神和专业水平的提升,一批辅导员脱颖而出。中队辅导员李琳老师由于她在班级管理和中队辅导员工作中业绩突出,在2009年的教师节前夕被评为全国优秀教师。这是她一个人的荣誉,更是全校的光荣。另外全校60%的中队辅导员均为区校优秀班主任、优秀中队辅导员;区级班主任技能大赛一、二、三等奖获得者均有我们的中队辅导员;大队辅导员孙红玉老师作为全南开区教育局仅有的两名团干部代表参加区团委举办的青年干部培训班……舞台的搭建换回的是辅导员们优秀的成绩。同时学校关注每一个在风小就学的少年儿童,关注他们的成长,关注他们的合法权益。我校的毕业生陈琳和三一中队的张晓明同学均因家庭极度困难,两个家庭都产生让孩子辍学的想法。我知道后立即和学校的大中队辅导员深入家庭做思想工作,并在孩子就学和生活上给予最及时的帮助:为两个孩子免费提供午餐、校服及各种活动经费;六一和春节给孩子送去六一礼物和新年服装;积极向政府部门呼吁,使这两个孩子都获得了扶助困难学生的基金。家长感动并表示:再困难也要让孩子坚持完成学业。两个孩子备受鼓舞,一人顺利升入重点中学,一人成为班级小骨干。

3.努力钻研少先队业务,创新少先队工作

"少成若天性,习惯如自然。"学校少先队以"雏鹰争章活动"为载体,开展习惯养成教育,创新少先队活动。少先队本着"低起点、小坡度、分阶段、分层次"的原则,采用无痕教育方式,促使学生形成良好的行为习惯。

(1)读书引领,播种习惯

"读书,最美姿态;书香,熏染生命;与经典同行,为生命阅读"这是我校少先队于2006年启动的"点燃读书激情,共建书香校园"活动的口号。当您走进学校,便可听到那朗朗的读书声,每天10分钟的古诗文诵读,已成为学校一道亮丽的风景线。读书小报、读书笔记、读书体会迸发着学生们的思想火花。"书是知识的海洋""读书知识竞赛"等主题活动中,学生们精彩的展示凝结着他们对书的热爱,对书中人和事的理解与感受。

(2)榜样激励,引领习惯

榜样的力量是无穷的,为了学生们易于模仿,乐于学习,少先队带着学生们走近英雄、走近楷模,倡导师道尊严,树师德之风。少先队组织开展各项小标兵评选和征文活动,树立身边榜样。

(3)个性张扬,积淀习惯

为校园艺术节上唱好一首歌曲;为布置校园环境捏好一个泥塑;为大型活动开幕式走好花束队;为迎接奥运啦啦操队表演做好一个动作……学生们每一次活动都精心准备、反复演练、用心投入。我设计,我展示,我欣赏,我评价,我提高,我快乐,在这多彩的特长展示活动中学生们的个性得以表现,良好习惯在无形中形成。

(4)活动体验,践行习惯

少先队设计了各种体验活动,学生们在体验中自行设计、自主投入、自我探究、自行悟理。小小电视台的中队展示、周周播寓教于乐,展示着学生们良好习惯的结晶;"我创意,我能行"动手能力大赛,让多种习惯的火花相互碰撞、激荡;"我是社区小主人"社会实践活动,让良好习惯在行动中践行、巩固;"心连心,手拉手,共患难"大型赈灾捐助活动将习惯升华,形成播种爱的习惯。

少先队工作担负着培养中国特色社会主义事业合格建设者和接班人的使命,作为一名青年校长我愿为少先队事业贡献我的光和热!

(2009年9月星星火炬奖章先进经验介绍)

◎ 搞好课程建设，促进学生和谐发展

优质教育是世界各国追求的教育理想，同样也成为我们基础教育改革的目标。不同的学校、不同的人对优质教育有不同的理解和诠释，我们认为，优质教育是一种能够让学生获得最好的、全面和谐发展的理想教育状态，而学校对优质教育的追求必然涉及教育中的核心内容——课程文化建设。为此，我们近几年来，从健全三级课程体系、创建优质课程资源入手，推进学校可持续发展，在促进学生全面和谐发展方面，做了一些有益的尝试，汇报如下：

1.将新课改理念体现在我们的课堂上，培养学生爱学习、会学习的良好素养

我们在校本研训活动中，积极引领全体教师落实新课程理念，倡导"以爱育爱，先爱后教"，让孩子树立学习的信心；探索了"教师为主导，学生为主体，训练为主线"的"三为主"课堂教学模式。老师们积极研究在教学中以"生"为本，营造民主和谐的课堂氛围，努力给学生创造一个自主发展的空间。在实践中，我们探索出一些培养学生自主乐学的策略：其一，激发学生学习兴趣的策略，努力寻找本课教材中的兴趣点；根据教材内容创设一个教学情景或运用一种媒体手段；根据学情选择一种启发性教学方法。其二，激励学生自主学习的"五激励"策略：激励学生认真观察、动脑思考、动手操作、动口表达、敢于质疑，以培养学生观察敏锐、敢于挑战的精神。其三，以学论教的"四个凡是"策略：凡是学生自己能说出的教师不替，凡是学生自己能做出的教师不讲，凡是学生自己能探究的教师不包办，凡是学生自己已掌握的教师不重复，以培养学生自主探究的能力。其四，培养学生问题意识的策略：引导学生在预习中质疑，引导学生课后质疑，让学生带着更多的问题走出课堂，鼓励学生"标新立异"，引导学生发散思维，提高质疑的质量，使学生

由敢提问题逐步发展为会提问题。这样既可以提高学生分析问题和解决问题的能力,又培养学生的创造性思维。由于教师们努力将"自主、合作、探究"的新课改理念体现在课堂教学之中,致力于让学校成为孩子们自主探究的学园,这使学校的课堂面貌发生了很大的变化:上课沉默不语的孩子少了,踊跃回答问题的孩子多了;精神涣散的孩子少了,专注课堂的孩子多了;静止不动的孩子少了,动手操作的孩子多了;回家不完成作业的孩子少了,作业工整漂亮的孩子多了;学校的教学稳步提升。但与此同时,我们也清醒地意识到一些问题,由于旧考评制度及传统教学思想的惯性影响,教师们对"小学科"的教学重视不够,课堂教学面貌并没有得到应有的改善。我们领导班子针对这种情况,带领全体教师提高对课程改革的认识,使教师们认识到学生的和谐发展不仅仅是掌握了某些知识,还涵盖良好品德的养成、身心的和谐发展等诸多方面,只有提高所有学科的教学质量,才能全面落实素质教育。认识提高了,我们又着手加强音、体、美等"小学科"及校本课程建设。

2.加强"小学科"的建设,提升学生的全面素质

(1)优化"小学科"师资队伍

我们把"小学科"教师队伍建设定位在:"小学科大作为,学科虽小队伍强大",不断地为这支队伍输入新鲜血液。学校改变了没有专职美术教师的窘态,现已具备两位专职美术教师,且有一位正在天津美术学院研究生在学;根据音乐一直是外聘教师的情况,从外区引进一位学科带头骨干教师;配备了具有东北师范大学计算机科学与技术专业本科学历的专职信息技术教师;引进了体育院校毕业的学有专长的本科大学生;克服困难让科学、劳动、品生的教师专职化。

(2)强化"小学科"校本研修,提升教学水平

我们制定并坚持双周所有科任教师的大教研:深入学习最新的教育教学理论及教育信息;根据学科专业的需要坚持单周与学科科任教师的小教

研:研究教材,分析案例。教师们在不断地学习和实践中提升了自己的教学水平,现在我校学科带头人中科任教师就占了三名。学校还出现了南开区的体育学科状元;在2009年的"博晨杯"比赛中体育学科荣获二等奖,品生学科荣获三等奖;品生学科还荣获南开区教学竞赛一等奖,课题研究成果一等奖;体育教师的论文荣获全国三等奖;在区体育教师基本功考核中荣获两个一等奖,区优秀体育课三节;音乐、美术课均获区信息技术整合课二等奖。

(3)开展"小学科"的研究性学习,培养学生能力

小学阶段的研究性学习以"培养学生探究兴趣,促进学生智慧潜能的发展"为宗旨"小学科"的教学容易激发学生的兴趣,是一种适合学生自我发展的开放性学习空间,为学生提供一个多渠道获取知识,理解与生活相关的自然问题或社会问题,并将学到的知识加以综合和应用于实践的机会。因此,我们充分利用优秀的科任师资,开展研究性学习。我们在信息课上做了这样的尝试:在学习完Excel模块的学习后,教师引导学生制作考勤表、成绩统计表、家庭账目开支记录表等等,送给老师和父母,孩子兴趣很大,积极性很高;学习完信息收集和归纳整理后,老师启发孩子制作一些宣传小报,如甲流如何防治、卫生好习惯的培养等。我们还邀请同学们参与学校的环境建设,根据主题设计展牌装饰楼道和教室,孩子们看着自己设计的楼道温馨提示语无不高兴与自豪,我们把研究性学习延伸到了课下与课外。我们改变音乐课的评价方式:一改以往惯用的必唱歌曲、视唱、听音模唱等烦琐的考试形式,以一场由学生自编自导自演的音乐会代替。从编导到演员都由学生自己安排,老师要做的就是协助和辅导学生组织演出。期末"班级音乐会"既是一个展示学生音乐学习成果的舞台,也是富于趣味的一种评价方式。在这个舞台上,孩子们人人参与,个个展示,自己编排、主持、评定、总结,在民主、和谐的气氛中充分地享受学习的快乐,享受成功的喜悦。

实践证明,加强"小学科"的建设,不仅提升了教师的教学水平,更重要

的是促进了学生的全面发展,促进了学校的"三园"文化建设,使学生真正达到了乐学、会学的境地,提升了自学能力,进而又促进了"主科"教学质量的再提高。

3.建设开放的校本课程,培养学生的个性

我们还根据加德纳多元智能理论,在认真分析我校传统与优势资源的基础上,围绕"体育游戏与健美竞技""异域文化与本土知识""科技进步与信息时代"三大主题,新增"泥塑"主题,积极构建具有风小特色的校本课程,以激发学生潜在的智能,充分发展每个人的个性。

爱玩是孩子们的天性,而玩出名堂是孩子们的追求,许多学生并不满足于单一的课堂教学模式,学生都渴望得到更多知识与技能。为了使孩子们学到更多的美术知识和表现技法,我们在教学中做了一些大胆的尝试,开设了每周一课时的泥塑校本课程。孩子们在"捏、压、搓、团"的实践和体验中满足了"渴望玩的心理",同时培养了兴趣,提升了自己的形象思维和空间创造力。孩子们的动手能力和创造力在不断提高,我校学生在美术老师指导下,连续三年荣获南开区动手能力大赛一等奖。

优化课程建设促进了学生和谐发展,让"全面发展,学有特长"的办学思想成为现实,孩子们的创造精神在不断萌生,创造能力也得到了较大提升,在国家级、市区级各种比赛中屡获殊荣,好消息频频传来;同时在南开区六年级水平测试中成绩连年提升,2009年荣获公办校第一的好成绩;在教研室对各年级学业成绩调研中也获好评。

好成绩得益于各级领导的关怀、支持与帮助,今后我们将再接再厉,坚持我们的理想和信念,办出特色,办出水平,让我们这所普通公办小学绽放出更加绚丽的光彩!

(2009年11月学校课程建设区级经验介绍)

◎ 创建高效课堂,建设探究学园

风湖里小学秉承传统,以促进师生自主发展为目标,多年来在"三园"建设中致力于"自主探究的学园"特色发展,努力转变教师教的方式与学生学的方式。通过对学校校情、学生学情的进一步分析,采取了以"问题探究教学模式"的研究,推进"自主探究的学园"建设的策略,深化办学特色,取得了一定的效果。

建构主义学习观认为学习是学习者主动地建构内部心理表征的过程,个体的主动性在建构认知结构过程中起关键作用。"问题探究教学模式"正是基于建构主义学习理论,以学生的"学"为中心,把问题作为驱动学生学习的动力。"问题探究教学模式"注重创设问题情境,引发新知与已知发生冲突,先打破学生原来平衡的知识结构,从而使学生提出问题,然后在教师的引导、帮助下解决问题。在这个过程中主动地吸收新知识,对原有经验进行改造和重组,再次达到一个新的平衡的知识结构。"问题探究教学模式"就是帮助学生在平衡、不平衡的循环往复中使自身的认知结构不断地在改变中前行。

我们在课改实践中认识到教学模式是先进的教育思想、教学理论和学习理论指导下的,教师依据学情和教学个性优化教学要素,不断改变教学方式所形成的独具个性和相对稳定的课堂教学结构。教师只有掌握了教育理论才能创建出真正的高效课堂。在认同理论指导下,在总模式的框架内发挥特长,展现教学个性,从不同角度总结研究多样的教学模式。因此风湖里小学在进行"问题探究教学模式"研究之初首先抓教师的理论提升。通过学习建构主义学习理论和课题解读使教师明确了模式研究的意义及其理论依据,再结合教学实际以理论问答的形式引导教师深入学习,把理论学习置于一个个问题解答的过程之中,使教师逐步加深理解,产生课改的愿望和激情,从而积极参与到研究与实践中来。

风湖里小学构建的"问题探究教学模式"是在课堂教学中以学生为中心精心设计教学过程,以"问题"为纽带引导学生发现问题、探究问题、解决问题的教学思路和框架。简言之就是让问题探究贯穿课堂教学的各个环节之中,从而提高教学质量。主要体现在八个环节中:

1.指导预习,发现问题

教师授新课前,在分析学情、把握新旧知识的结合点的前提下,提出预习要求,指导学生复习旧知,预习新知。如:学习"平行四边形的性质",就先强化"四边形"和"平行线"的性质,建立起新知和已知的必然联系。在这个过程中学生会出现两种情况,一是学生运用已有知识同化了新知,把新知纳入到已有的知识体系中,完成了知识结构的丰富与重组;二是让学生在预习的过程中意识到新旧知识的冲突,产生探究的需求。这正是教师在这个环节中期待产生的效果。由于问题来源于学生,学生也就自然产生了解决这些问题的需要,为接下来的研究问题、解决问题环节提供了动力。可见,预习是培养学生问题意识的重要环节。

2.精心预设,提出问题

当学生尚处于潜在发展水平,还不能独立完成任务时,急需教师的帮助,这时教师可以通过提出问题使学生内在的学习基础、需求和学习目标之间建立有效的联系,激活学生已有的知识基础,使学生积极主动地投入到学习中去。

教师问题的设计不在多而在于"精",教师对于一节课的核心与关键问题尤其要精心设计。因为关键问题可以建立问题与问题的相互联系,引发问题的不断扩展、深化及新的生成,支持重点、难点教学问题的解决。关键问题设计得好,能够起到创设情境,激发起学生学习的兴趣的作用。例如在语文教学游览类课文的时候就可以提出"假如你是导游会怎样向你的游客介绍呢?"这样的问题。通过这个问题首先可以创设一个情境,把学习者置于文章之中,使之成为文中的一个主人公,激发起学生主动学习的愿望。这个问题还可以起到贯穿全篇的作用,使学生在问题的引导下边读文边思考,层层深入,进而读懂文章,理解景物特点,体会到人物情感。教师关键问题预设得好就是抓住了整节课的问题中心。我们要求教师每节课都要围绕教学目标设计出核心问题,为这节课的成功奠定基础。

3.引导参与,思考问题

在这一环节中教师首先要充分发挥"导"的作用,通过问题对学生思维方向进行引导,使他们的思维指向目标,对问题认识的深度和广度得到不断拓展。教师引导得当,可以调动学生积极参与,学得有序、有效,能力、思维都得到发展。

如在《"凤辣子"初见林黛玉》一课中教师首先以"王熙凤是个怎样的人?"这一问题将学生的思维指向了理解人物形象、认识小说写作特点的教学目标。学生初步读文后认为王熙凤问到了林黛玉生活的方方面面,是个关心人的人。教师及时追问:"如果王熙凤关心林黛玉,为什么并不想知道自己所问问题的答案呢?"这一问抓住小说中的矛盾点,在使学生感到有趣的同时,把他们的思维引向了深入。学生为了弄懂这个问题再次读书认真思考,从字里行间悟出王熙凤并不是真正关心林黛玉,而是借此炫耀自己的地位和权势。在这个教学环节中,学生在教师有效问题的引导下积极主动地思考,在不断对人物形象深入理解的过程中,提高了阅读理解的能力,领悟到了我国古典小说的精妙。

4.合作学习,探究问题

"问题探究教学模式"是在宽松民主的课堂氛围中进行的,它是通过师生、生生的交流与合作共同思考探究问题的。小组讨论要讲求实效,就要让学生有话想说,有合作的渴望。所以给学生创设一个宽松民主的课堂氛围是十分重要的。首先,在合作探究时可以先通过设问,把学生置于一个具体的问题情境之中,赋予他们解决问题的具体氛围和要素,让每个学生都有话可说。其次,要充分考虑到学习者个人学习基础、经验背景不同,对事物理解的方式不同等情况,承认不同的个体对于知识理解的差异性,发挥合作学习的优势,利用差异互相补充互相启发,使理解更加丰富全面。

例如在讲《估算》一课时,老师出了这样一道题:老师给了小明250元钱,请他给全班45名同学买饮料。饮料有4元、5元、6元三种,他买哪种好呢?面对这样多信息的题,学生们想出了各种办法:保守的孩子把数字往大处估,买最便宜的饮料保证不超支;胆大的孩子把数字往小处估,争取买到最好喝的饮料;还有的孩子采取了折中的方法。老师没有简单否定任何一种答案,而是让他们陈述各自的理由。在辩论中学生明白了每种方法都有利弊,懂得了要找出最佳的方案还要具体问题具体分析。最后的结论不是老师给出的而是共同探究的结果,是集体智慧的结晶。学生在这个过程中的收获是真实而具体的。

5.理清思路,解决问题

在《估算》的课例中,围绕着估算方法的选择问题派生出许多问题,如用哪种方法估算的结果与准确值误差最小,哪种估算方法最容易计算,简便运算的应用,精确计算好还是估算好等等。在众多问题中教师要把握好方向,帮助学生理清思路,使思维始终指向核心问题的解决,避免出现目标偏离涣散的现象。在理清思路解决问题的环节中,教师还要运用教学智慧及时引导学生辨析,对问题进行归纳整理寻找内在的联系,整合新旧知识在解决问题的过程中把握问题的实质,使学生获得整体的全面的知识结构。

6.联系实际,应用问题

"问题探究教学模式"的落脚点不是学生学会什么知识,而是学生能够运用所学知识去发现问题解决问题,是使学生通过探究问题的过程掌握运用知识与技能的方式方法,最终学会学习。因此教师可以通过变式问题设计,带领学生对问题进行归纳,启发学生提出创新问题,帮助学生联系实际实现提升。例如在一年级数学教学中,就可以让学生在学习"九加几的加法"时认识掌握"凑十法"。在"八加几"的加法教学中,进一步熟悉这种计算方法。在随后教学中就可以实现新的提升,引导学生举一反三,运用"凑十法"解决"七加几""六加几"运算的问题。学生掌握方法能举一反三运用已知学习新知是运用"问题探究教学模式"所要达到的目标。更重要的是联系学生生活实际,尽量把活生生的社会生活呈现在学生面前。例如在"植树"中学习"间隔"问题,在观察"火焰"中解决记叙"顺序"问题,在采买蔬菜中运用英语单词对话等。

7.依标测评,反馈问题

依标测评,反馈问题在"问题探究教学模式"中同样是不可缺少的环节。由于"问题探究教学模式"是促进学生自主学习的一种教学模式,所以其中能够强化主体意识,提高学生自我认知能力的自评、互评则显得更为重要。一节课下来,教师教得怎么样,学生学得怎么样,一定要通过特定的方式检查教学目标实现的程度。我校要求教师运用练习、小纸条沟通或实践操作的方式反馈每节课知识与技能的目标达成度,使学生了解自己学习的进度,也使教师反思教学的成效与问题的价值。

8.拓展思维,生成问题

人的认知结构总是在产生问题,解决问题,再产生问题,再解决新问题的循环往复中不断构建与完善的。所以,一节课不应该以问题的解决为终点,而是要在解决前一个问题的基础上促使学生生成新的问题,并产生求知的新欲望。为了在课的结尾为学生后续的发展创造空间,教师可以设计一些问题引导学生进一步拓展思维。例如在科学课《一杯水能溶解多少食盐》一课结尾处,教师问道"其他液体是不是也像水一样能溶解食盐呢?"学生的思维立刻被激活了,自然而然地会产生类似"醋会不会溶解食盐?""能溶解多少?"这样的问题。课虽然结束了,但是在这样问题的驱使下学生还会继续探索,会主动地获取更多的知识。由此学生的思维得到了拓展,认知得到了再提高,达到课已结意未尽的效果。

总之,"学起于思",没有问题的课堂不是真正的课堂,没有问题的发现、探究和解决就没有教学目标的实现。问题解决是教学变革的基石。基于"问题为中心"的教学就要高度强化问题意识,做到:个备必思,集备必研,教案必有,上课必行,使教学目标在解决问题中完成。风湖里小学通过对"问题探究教学模式"的研究与实施增强了学生的问题意识,学生的问题习惯正在逐步形成,提高了课堂教学的效率。同时"问题探究教学模式"的研究与实施也为师生主动发展、共同成长搭建了一个平台,促进了"自主探究的学园"特色建设。

（2011年获市级创新论文一等奖）

◎ 以爱育爱,让学生健康成长

我校重视未成年人身心健康、成长健康,在天津市南开区教育局党委的正确领导下,在天津市南开区教育局关工委的正确引领下,在建设"五好关工委"方面做了一些工作,取得了一些成绩,汇报如下:

1.加强领导,完善机制,为关心下一代工作的有序开展提供可靠保证

（1）调整充实加强校关工委的领导班子。建立了由天津市家长学校张书栋老师及离休的老校长担任顾问,由德育副校长担任主任,由德育主任、大队辅导员担任副主任,由热爱关心下一代工作的老领导、老教师为委员的工作网络。

（2）各年级建立关工委领导小组,由年级组长和班主任构成。

（3）建立一支由家长代表组成的关工委联络员队伍,协助校关工委开展

各项活动。

(4)以"五好关工委"要求为标准,完善学习工作制度,定期学习党和国家关于教育工作的方针政策,学习市区教育工作的规划,有的放矢地配合教育主渠道发挥老同志的专长为关心青少年健康成长做贡献。

2.充分依靠老同志,发挥关工委的传、帮、带作用

老同志信仰坚定、经验丰富、德高望重,具有很强的人格魅力,做青少年的教育工作具有很强的说服力和感染力。为发挥离退休同志的余热,我校组成了以杨秀云、张颖为组长的退休老校长、老党员的关工委队伍,聘请他们为爱国主义教育报告员、校外辅导员、法律教育宣传员、家庭教育辅导员。这支队伍本着对党和人民事业高度负责的政治责任感,热心关心青少年教育工作,到学校与同学们座谈、搞讲座、参加学校的各种活动,对家长开放咨询,取得了良好效果。这些老同志自身也不断加强学习,对新时期开展未成年人教育工作的新思路、新方法进行研究与实践。在2008年汶川地震中,我校接收了几名来自灾区的学生,学校关工委老同志知道后,在"六一"儿童节到来之际,为这几名灾区学生捐赠了书包、衣服和其他学习用品,表达了他们无私的爱心。学校有1/3的学生是进城务工子女,关工委老同志一直关注这些孩子,了解他们的家庭、生活、思想和学习情况,鼓励他们完善自我,争取进步。五年三班王雪琴同学属务工子女,生活非常贫困,在老同志的帮助下,她受到了资助,背上了新书包,用上了新的学习文具。几年来,我校先后有近50人次受到关工委老同志的资助。老同志的这份爱也在无形地传递给我们这些年轻的同志。在庆祝建党九十周年之际,南开区关工委副主任进藏老干部林爷爷到我校又给孩子们上了生动的一课《永远跟党走》,林爷爷讲述的每一个故事都深深地打动了孩子们,让孩子们又一次感受到祖国的伟大,体会到作为华夏子孙无比骄傲!

3.以爱育爱,为学生搭建健康成长的舞台

"以爱育爱,体验成功,激发活力,共同成长"的办学理念逐渐成为我们办学思想的中心。爱是教育的灵魂。有了爱,教师才会乐于教职,学生才会感受到作为人的尊严、价值,师生才能激发出无尽的生命活力。关工委的老同志也以此为工作目标与方向,力求让每一个孩子都得到爱的哺育,让每一个孩子都幸福健康成长。

(1)课题研究引领学校科学发展

我校自2006年6月承担了天津市教育系统关工委"十一五"《传承中华民族传统美德,培养学生有责任心的好习惯》的课题研究。关工委老同志们多次到我校指导工作,带领我们开展形式多样的研讨活动,组织我们学习文献、搜集数据、进行问卷调查、组织撰写论文,让课题研究内容得到了全面落实,课题研究的目标圆满实现。我校也被命名为2011—2013年天津市实施《小学生日常行为规范》示范学校。

(2)读书让书香溢满校园

我校一直积极开展"经典诵读"活动,在全校范围内深入开展了古诗文诵读活动。在关工委老同志的指导下,古诗文诵读在全校学生中逐步掀起高潮。我校的诵读热情日益高涨,气氛浓厚,经典诵读活动逐渐成为我校的特色,如今我校已把诵读由校内向校外延伸,以学校领读为主体,以家庭助读为辅助,以社会力量为推动的三结合模式,使我校经典诵读走上了健康的发展轨道。读书活动硕果累累:2008年天津市中小学生"好书伴我成长"读书活动,1人获得征文小学组市级一等奖;第十五届全国青少年爱国主义读书教育活动讲故事(演讲)比赛,1人获得一等奖、2人获得优秀奖;2009年天津市中小学生"好书伴我成长"读书活动,1人获得创意漫画比赛小学组一等奖;全国青少年爱国主义读书教育讲故事比赛,2人获得区级优秀奖;天津市"辉煌六十年"读书教育演讲、讲故事活动,2人获得优秀奖、学校获得"辉煌六十年"读书教育活动优秀组织奖;2011年"大田杯"读书活动中1人获得市级一等奖。

(3)健康行动让孩子拥有健康的体魄

我校健美操队成立4年多以来,在国家、市、区级比赛中多次取得优异成绩。2010年暑假,老同志们和我校健美操队的孩子共同举行了"沐浴阳光张扬个性"健康行动,为了帮助我校健美操队扩大影响力、提高知名度,老同志对我校健美操队成立以后的情况进行了详细的了解,并积极与媒体联系,对健美操队进行专访及宣传报道,上学期又成功举办了"神采飞扬、活力无限"健美操专场展示活动,活动受到与会领导好评,我校健美操队已在市区乃至全国小有名气,已荣获国家级、市级、区级奖项21项。

(4)心育工作让孩子拥有健康的心态

为推动和落实我校心理健康教育工作,关工委老同志们帮助我们明确了学校心理健康教育的主要任务、指导原则、主要途径,构建了心理健康教育三级工作网络,完善了管理办法,促进了我校心理健康教育的健康发展,避免了工作中的盲目性和错误操作。为尽快提高教师的心理素质和实施健康教育的能力,我们把重点放在教师的心育上,聘请了心理教育专家徐萍主任作为顾问,我们出版了学校教师自己的心理健康读本,每月为老师做一次讲座,建立了多例学生个案。在学生心育工作中我们把重点放在低年级的注意力训练和高年级的心理拓展训练上,工作虽刚刚开始,但已初见效果。

(5)三结合教育,为学校教育保驾护航

学校教育的成功,离不开家庭教育的支持,为了使学校教育与家庭教育形成教育合力,共同肩负起教育下一代的任务,在区关工委的倾力支持下聘请了天津市家长学校张书栋老师作为我们家长学校工作的顾问,并成立了由27位家长组成的具有六个职能部门的风湖里小学爱心教育委员会。我们已开展家长学校讲座3次,家长咨询10场,爱心教育委员会的工作深入到学校的方方面面。学校关工委对此项工作非常重视,前不久召开了"风小阳光工程——与家长面对面"为主题的家校教育活动,会上与家长共同分析当前家庭教育的现状与误区,帮助家长针对学生实际情况采取科学有效的教育教学措施,面对面的接触实现了心与心的交流。

我校关心下一代工作虽然取得了一些成绩,但与做好新时期、新形势关心下一代工作的要求还有一定的距离。今后我们将按照上级关工委的部署,在实践中不断总结经验、探索规律,努力创办南开优质教育,让风小的孩子在爱的哺育下健康成长,让普通学校的孩子享受不普通的教育!

（2011年9月区关工委优秀学校评选汇报）

◎ 春天里的爱

学校支部建设近来年取得了一定的成绩,赢得了社会各界的广泛赞誉。

1.围绕中心工作,不断加强支部建设

风湖里小学党支部现有党员21人,在职党员17人,其中一线党员11人,入党申请人12人。支部坚持把支部建设与学校的中心工作结合起来,与课程改革结合起来,努力实现学校工作科学发展。

为进一步增强党员的党性修养、思想素质和业务能力,真正使党员在教育教学中发挥先锋模范作用,学校党支部实施了以党性教育和能力培养为主要内容的"双育工程"。通过采取重温入党誓词、回顾党的成就、学习党史、学习党的方针政策、领导干部讲党课等形式,对全体党员进行党性教育。2010年七一前夕,支部组织党员进行党性分析,通过座谈会、谈心会、专题民主生活会认真查找自身存在的问题,开展批评和自我批评,党员撰写了党性分析报告。在此基础上,支部引领党员教师带头提升教学水平和教学能力,带头创新教学方式,争当教学标兵。"宝剑锋从磨砺出,梅花香自苦寒来",在学校教育教学一线党员中先后涌现出了全国优秀教师、五一劳动奖章获得者、天津市劳动模范、区级校级学科带头人和各级各类教育教学获奖者。

2.坚持科学发展,不断加强领导班子、党员队伍建设

(1)立足服务师生,提升干部的工作水平

2005年秋天,风湖里小学经历了党政班子新老交替。新的班子潜下心来,认真学习先进管理理论和办学经验,广泛深入教学一线,了解老师们的思想动态,倾听他们的心声与呼声,并且在学习和交流中达成思想共识,将认识统一到"以人为本"上,就是要全心全意为师生的发展服务,要眼中有事,心中有人,细处着手。班子全体成员郑重向教职员工承诺:"待人——掏出一颗心,真情,真意,真心;处事——端平一碗水,公开,公正,公平;律己——对照一面镜子,慎思,慎言,慎行",逐步形成"自律,动脑,用心"的工作作风。近三年来,学校中层以上干部的评议结果满意度都在98%以上。老师们亲身感受到了党员干部的亲和力和号召力,工作激情被迅速点燃,工作积极性和主动性也得到提升。随着各项工作的开展,学校取得的荣誉多了,社会评价好了,家长更加支持工作了,学校人文氛围和谐融洽了。

支部在培养干部上注重"扬长避短",不断加强干部的综合素质的提升。既尊重个性,发挥特长,把干部放在适合自身优势的岗位上工作;又着眼大局,用发展和赏识的眼光看待干部,坚持搭台子、压担子,使干部能够得到全面的锻炼和提高,始终保持一种积极向上的工作状态,成为学校各项工作的带头人和校长的得力助手。几年来我们的干部逐渐走向成熟,二人被任命为副校长,一人被输送到区教研室。

(2)在骨干中培养党员

党支部有的放矢地做好引领工作,对入党要求迫切又符合党员标准的,及时吸收到党组织中来;对于入党有要求,暂时达不到党员条件的,加大培养力度,明确联系人,指明努力方向,提出具体要求;对于目前还没有入党愿望但思想素质好,业务上钻研,工作积极努力,群众评议较好,主动与他们接

触交流,了解他们的政治倾向和思想障碍,有针对性地做工作,逐步提高他们对党的认识,使他们确立为实现党的目标而奋斗的政治信念。近四年我们共发展党员6人,先后派出10人到南开区委党校参加积极分子培训班的学习,另外申请人的队伍也在不断壮大,本学期又有两名同志郑重地向党组织递交了入党申请书,三名同志表示身边党员的事迹感动了他们,因此心中有了一份设想,但还需要勇气,我们想在不久的将来这些同志会郑重向党组织提出申请的。

3.立足服务群众,大力开展"创先争优"活动

为人民服务,是我们党的宗旨。在"创先争优"活动中,学校党支部始终把服务作为永恒的主题。

(1)亮牌行动,郑重承诺

建立支部、党员示范岗,接受群众的监督。学校在四楼会议室设立"党员之家":入党誓词、党员权利义务、党员制度等标识上墙;二楼长廊推出"创先争优做表率,提高质量当先锋"支部、党员示范岗专题展牌,全体党员照片及每位党员的承诺逐一公示,随时提醒每一位共产党员履行自己的承诺。大屏幕上滚动出现"创先争优做表率,提高质量当先锋"的内容,显示全体党员"创先争优"的决心。

(2)佩戴党徽胸卡,接受群众监督

党支部要求全体党员每天正确佩戴党徽,同时佩戴"我是党员,向我看齐"的胸卡随时接受群众监督。通过"亮身份、亮形象、亮业绩"公开承诺,引导广大党员发挥先锋模范作用。全国优秀教师、五一劳动奖章获得者李琳老师,用实际行动诠释着"共产党员"这四个字,多少名学生在她的循循善诱,真诚赏识下变得明事理、懂规矩,成为品学兼优的好学生。这其中还有兢兢业业工作,不图个人回报的党员老师,他们现在都在学校的重点岗位上,是每个年级组的领头羊,引领着伙伴们共同进步;其中也不乏业务骨干,

她们活跃在区校各个层面的讲堂上;更有朝气蓬勃、永远阳光的四名80后的年轻党员,他们用实际行动来证明:80后是能够担当的一代,80后是社会的未来。

(3)岗位示范,模范带动

学校校级干部带头成立四个示范岗,分别是书记、校长为岗长的"科学管理示范岗";德育副校长为岗长的"阳光育人示范岗";教学副校长为岗长的"教学质量示范岗";工会主席为岗长的"优质服务示范岗"。我校的30名党员、入党申请人、骨干教师加入示范岗,示范岗有工作理念、有承诺、有公示。利用学校校园网及时公示了示范岗的承诺书,反响很好。通过大力开展"示范岗"活动,让党员干部真正成为一面旗帜,在"创先争优"活动中起到领头羊的作用。

围绕办人民满意的教育,党支部在党员中开展"五个一"活动,即提一条建设性意见,为学校发展献言献策;帮一名入党申请人,思想熏陶、专业引领,发挥传帮带的作用;联系一名普通教师,思想上关注、工作上关心、生活上关怀;关爱一名学生,在学习上给予更多的关怀和帮助,做好转化工作;帮扶一名"贫困生",开展结对帮扶和走访慰问活动,尽最大能力帮助解决实际问题。在"五个一"活动中,全体党员充分发挥了先锋模范作用带动全校教师爱岗敬业。

《天津市义务教育学校现代化建设标准》的实施是一件惠及百姓,惠及义务教育阶段学校的民心工程。2009年4月16日我们正式接到督导室的通知,我校有幸被批准为首批试评学校,这无疑为学校的未来发展注入了活力。5月25日我们迎来了"天津市义务教育学校现代化建设"评估团的专家,专家组对我校工作给予充分肯定,明确指出:学校办学思想明确,并已在全校教职工中形成共识且已贯穿于学校的各项工作中;学校文化建设成效明显有特色,"三园文化"已成体系;学校有一支高素质的教师队伍。"100条"检查虽已结束,但建设仍未停止,我们反复研究现代化建设的反馈意见,针对其中的问题进行积极的整改。2009年10月我们成功地举办了"三园学校文化引领师生幸福成长"文化交流展示活动,同时接待了上海徐汇区教育局学访团、深圳校长研修班学访团,新疆的10位教师在我校实习两个月;两批西藏校长先后在我校挂职锻炼,同时作为唯一的一所小学参加了南开区"主流媒体看南开"的媒体采访报道活动。另外区政府各领导先后到我校视察工作,2010年5月国家教育部专职督学到我校视察校园安全工作。所到领导对学校整体工作给予充分肯定。学校文化建设促进了学校的发展,整体办学水平逐年提升,让普通的孩子享受到了不普通教育。

一名党员,就是一面旗帜。风湖里小学的党员队伍是一支团结向上、积极进取的队伍,是一支业务精湛,敢打硬仗的队伍。他们既是各项工作的领头羊,又是教职员工的贴心人,用真诚的爱、包容的爱、无私的爱辛勤耕耘,默默奉献,成为群众的引路人和主心骨。我们相信,在天津市南开区教育局党委的正确领导下,风湖里小学党支部沿着科学发展的道路,必将焕发出蓬勃的生机,书写出更加灿烂辉煌的篇章。

（2011年区级优秀党组织经验交流）

校长之梦二：诗韵文化润校园　五育并举绽芳菲

2012年，我结束了7年凤湖里小学的书记、校长工作，肩负新的使命，来到地处偏远但具有特色的新星小学。在这个质朴纯真的集体中，我品尝到了管理、创新、发展的甘甜，校长工作也由青涩趋向成熟。我的办学思路也越来越明晰，那就是"将管理的视野从教师的工作领域转向生命领域，把谋求教师的全面发展当作管理的终极目标；把教育的着眼点立足于学生的成长与发展，站在生命的高度以生态教育观来思考学生的发展"。如何传承并发展"诗韵文化"办学特色，是我走进新星小学后面临的课题。我首先与全体教师达成共识：以课题助推"诗韵文化"特色向更高层面攀升；接着提出学校特色建设的发展愿景：诗韵飘香满校园——做诗意教师，创诗意课堂，诵经典诗文，做儒雅学子，建立"诗韵文化"工作室；将"诗韵文化"建设在融入环境、融入活动的基础上融入课堂、融入课程、融入教师队伍管理、融入家庭与社会，使学校特色与各项工作深层融合，实现以办学特色促学校内涵发展。学校倡导的"清水文化"教师管理理念，让教师绽放了活力。"诗韵飘香满校园，普通学校不普通"的梦想得以梦圆，这也是我和新星小学的同人孜孜以求不断努力的成果！以下文字记录了三年来我和新星人一路走来的点点滴滴，如何在"传承"办学特色的基础上更加"发扬光大"是文章中浓墨重彩表现的部分。

发展定位

中国传统的诗词作品中蕴含着深厚的人文内涵。孩子们可以从千古传颂的美妙诗篇中,品味荡气回肠,感受豪情万丈,领悟中华民族的伟大,感叹中华文化的辉煌。他们可以从小受到民族精神的感召,人格得到熏陶,品味得到提升,其意义之深远不言而喻。

当我走入新星小学的时候,学校的古诗文诵读活动已开展六年有余,回顾以往的探索,从当初的单纯诵读活动到"知诗人,明诗意,诵诗文,悟诗情"的校本课程学习模式,在新一轮基础课程改革理念的指引下,将"古诗文诵读"提升到"培养人文精神"的层面来思考。在诵读中我们发现,当我们站到民族、文化的高度来审视"诗韵文化"建设时,它自身旺盛的生命力,便蓬勃地展现在我们面前了。走入新星小学后我就"马不停蹄"地开展了一系列工作:深入挖掘学校"诗韵文化"建设历史,与学生教师充分座谈"诗韵文化"建设成果,请专家学者充分论证"诗韵文化"学校特色建设的生命力的基础。最后大家共同确定了必须继续绘制好"诗韵文化"这张蓝图的定位,明确了要将"诗韵文化"向更高层次发展的目标。

绘制蓝图

◎ 做诗意教师,创诗意课堂

○ "诗韵文化"融入队伍建设——做诗意的教师

融"清水文化"于教师队伍管理中,绽放诗意管理的魅力。老子在《道德经》中写道:"上善若水。"我们也将"清水文化"融入教师队伍管理中。水之常形:这好比教师差异的个性,呈现其丰富性与多样性。水之灵活:倘若学校在对待教师问题上能灵活,则是一种尊重人之本性的领导和管理,必能和谐地推动教师的发展,促进教师个体的成长。水之博大:当管理者一旦具有海纳百川的胸襟和气魄,教师发展的空间也就在无形中拓展了。水之凝聚:水具有很强的凝聚力,心向一处。"善"则是一种至高的境界,我们可以把它看成教师个人在专业上得到完美发展的境界。我们认为诗意管理必将成就诗意人生。

建立机制,成立"诗韵文化"工作室。经过一个学期的充分座谈、讨论,我请区内专家组做评委精心遴选,最后遴选出三十位骨干教师组成三个团队,分别成立三个工作室:"诗韵文化"教师社团工作室、"诗韵文化"课程管理工作室、"诗韵文化"学生活动工作室,并制定工作室管理章程及建立运行机制,公选工作室负责人,充分调动老师们工作的积极性。在"诗韵文化"工作室策划主持下,我们开展了"书香盈满人生路"的读书活动,师生共诵诗文活动,师生共练硬笔书法活动并出版了《诗韵文化——教师书法集》,教师葫芦丝演奏、国画绘画社团活动,"文化大讲堂"活动——组织教师围绕《师爱》《尊重》《美》《微笑》《喜迎十八大》为题进行诗文创作并出版了《诗韵文化——园丁诗创作集》,诗意的活动赋予师生诗意的生活。

自下而上出台"诗意教师标准"。我利用大约一年的时间带领新星小学的老师们如火如荼地做着一件事——"做诗意教师,创诗意课堂"大讲堂活动。自下而上出台"诗意教师标准",同时践行大讲堂中老师们对诗意教师的诠释:做"童心的教师""爱心的教师""诗心的教师""宽容心的教师""进取心的教师"。有一颗童心:懂得童心,在教育实践中懂得爱护童心和帮助儿童发展的"童心教师";有一颗爱心:充满仁爱的"爱心教师";有一颗诗心:与孩子们朝夕相处,只有诗的情怀,才能塑造纯美的生命的"诗心教师";有一颗宽容心:无论贤愚美恶,一律用宽容之心去包容千差万别的孩子;有一颗进取心:"腹有诗书气自华",读书不为功利,却在从容中做成厚实,在厚实中渐显神采的"有才华的教师"。

○ "诗韵文化"融入课程——创诗意课堂

何谓诗意课堂？我们是这样诠释的：诗意的课堂并不等同于"诗"的课堂，它的着眼点在于"诗意"。诗意的课堂是讲求唯美的课堂，诗意的课堂又是迸发智慧、传递真理、彰显个性的课堂。因此诗意的课堂具有了新课标引领下新课堂的一切特征，它关注生命、生活、生态；它关注感悟与体验。诗意的课堂应该是充满和谐的课堂：课堂充分以学生为中心，营造和谐的课堂文化，既着眼于每一个学生的文化学习，又着眼于学生的全面发展。诗意的课堂应该是助学生乐学、会学的课堂，我们要做到三个"提供"：提供资源，要打破"一支粉笔一本书"的局面，教师要在课堂提供更多的资源让全体学生在信息化的环境下自主学习；提供机会，课堂不应是"讲堂"而应成为"学堂"，把学习的主动权还给学生；提供帮助，针对学生个体差异实施帮助，同时注意把握"帮助"的"度"，不使"帮助"成为"包办"。诗意的课堂应该是自主探究的课堂：为学生创设轻松、愉悦、探究与发展的教学情景，学生学习兴趣浓厚，能主动参与学习并具备大胆提问和质疑的探究精神，我们的"激趣探究"课堂教学模式正充分体现了这一点。

新星人视野中的"诗韵课程"——"诗韵文化"融入校本课程。我带领工作室的成员利用2013年暑假将一至六年级校本教材《古诗文诵读》进行了第二次改版，任课教师结合各年级学生的实际，充分挖掘古诗文的人文内涵，学生在了解、欣赏、朗诵、表演、歌唱中从熟悉古诗文，到热爱古诗文，进而探索古诗文，学习创作诗文作品。"知诗人，明诗意，诵诗文，悟诗情"校本课程教学模式得到不断地深化和发展。

新星人视野中的"诗韵课程"——"诗韵文化"融入语文课程。学习古诗文，不仅提高了学生的文化素养，还在学以致用中培养学生的创造力。我校的语文教师，越来越深刻地认识到这些经典诗文的价值，因此，在语文课上，教师以课程为载体，引导学生进行诗词主题创作，使学生在引经据典的创作中感悟生活,规范其行,丰厚其德,领悟出做人与做事的真谛。我们搜集优秀的习作编印了《诗润文华集》《小水滴创作诗集》《小小哦诗园——儒雅篇》《新星小学诗韵文集——儒雅篇》。

新星人视野中的"诗韵课程"——"诗韵文化"融入音体美、信息课程。音乐教师潜心研究,在不同年级找到了音乐教学与"诗韵文化"的结合点。低年级的音乐课学生们用熟悉的节奏唱古诗,高年级学生可以尝试为古诗文谱曲,音乐与诗文的结合提高了学生的感悟力和表现力。每当大课间时分,操场上响起"秦时明月汉时关,万里长征人未还。但使龙城飞将在,不教胡马度阴山"的诗句,各个年级的学生们就会手持毛笔,做起英姿飒爽、气势如虹的诗韵操,在锻炼身体的同时涵养心性。画中有诗,诗中有画,是我校美术教学的一个特色。以画寓无言之诗,提高了学生的绘画能力及审美能力。如今,美术教师在原有教学内容的基础上拓展开发了彩墨画、刮画、拓印扇艺、黑白画、水粉画等多种形式的古诗书画创作形式。信息教师也把"诗韵文化"融入教学过程,让学生利用信息课所学的知识,表现古诗文的意境。虽然孩子们的作品有些稚嫩,但体现了孩子们对现代科技与古代文化结合的最真切感受。

新星人视野中的"诗韵课程"——"诗韵文化"融入研究性学习课程建设。研究性学习课程的开放性决定了学生研究选题的多样化,我校的研究性学习课程立足于"诗韵文化"特色,着重开展中国古典诗词、著名诗人研究,以此帮助学生感受中华文化的博大精深。学生结合兴趣点确立不同的研究专题,通过网上浏览、翻阅书籍查找、收集资料,制作出小组研究成果,利用课堂交流展示。学生们在老师的指导下对李白、杜甫的诗,苏轼、李清照的词等进行过研究性学习。

课程是学校一切活动的载体,课程决定了学校的育人质量。实践证明,我们的做法不仅丰富了课程内容,同时也丰富了孩子们的人生,为每一名从新星小学走出去的学生能够在未来拥有诗意人生奠定坚实的基础。

◎ 诵经典诗文，做儒雅学子

"积零为整"的诵读活动，让学生品尝到聚沙成塔的快乐。正如古人云："书读百遍，其义自见。"每节课前的两分钟音乐铃改为古诗文诵读活动，当学生休息结束，都会自觉地随着广播大声地诵读。另外还利用每天站队时间进行全校性的集中诵读，校园里回荡着琅琅诵读声，学生在诗意中享受诵读的温馨。

"诗韵飘香"校园文化艺术节，搭建展示孩子风采的舞台。"诗韵飘香"校园文化艺术节精彩纷呈，全校设有"诵诗会"；低年级还设有"诗文涂鸦""诗文配画"等活动；中高年级设有"制作诗集""制作手抄报""古诗文朗诵""书画作品展""诗文台历制作"等。这些活动产生的富有创造性的作品是孩子们"诗意栖居"内心世界的投射。

诗文考级活动，让"诗文小状元"脱颖而出。按照学校制定的《诵读古诗文星级认定标准》，每学期末给予孩子们星级评定，一批批"诗文小状元"脱颖而出，让孩子们都拥有一个诗意的童年。

诵经典诗文，将华夏文化精髓沁入每个孩子心田。学校努力将古诗文这一华夏文化精髓真正沁入每个孩子的心田，让他们在诵读古人留下的文字过程中，了解古圣先贤的智慧、胸怀、气魄、情操，从而增强对祖国优秀传统文化、传统美德的认同感，从而外显儒雅的气质，达到"随风潜入夜，润物细无声"的效果，为孩子们成就诗意人生奠定基础。

"诗韵文化"进家庭，提升家庭文化素养。学校坚持定期开展"亲子诵"诵读活动，活动使"诗韵文化"进入家庭、社区，大手拉小手，让中华传统文化传承下来。

"诗韵文化"走入社会，提高学校的社会声誉。2012年、2013年、2014年国庆节,学校一、二年级的同学先后三次参加天津市文庙开笔大典,让学生亲身感受了祖国文化的博大精深。2013年清明节,在天津市文庙的邀请下,学生们配合老艺术家李光熙老师录制诗文节目,并在中央电视台播放,新星小学的"诗韵文化"已在社会上形成广泛的影响。

诗韵飘香

◎ 德润人心,让普通学校不普通

新星小学是一所普通的公办小学,在几任校长和全体师生的共同努力下,本着继承并发展的思想,德育工作取得骄人的成绩:2011年至2014年连续三年被评为南开区德育优秀校、全国和谐德育先进校,2013年被评为南开区德育科研先进校,2012年我校的"诗韵文化"学校特色建设情况被收录到《魅力德育》一书中,2014年7月"诗韵文化"特色学校建设情况再次被《天津教育报》整版报道,2014年3月在南开区小学教学会议上以《让教师卓越发展,让普通学校更加不普通》为题进行了典型发言,2014年5月在南开区名校长研修班特色学校论坛上以《诗韵飘香满校园,普通学校不普通》为题做典型发言。

○ 让教师卓越发展,让普通学校不普通

1.重师德,抓教师的"魂"

(1)制度规约,必须尽责,塑师魂

通过制定《新星小学师德评估标准》《新星小学教师八条修炼》《新星最美教师标准》《师德承诺书》等制度规约塑师魂,形成教师必须尽责的工作要求。

(2)文化陶冶,主动尽责,美师魂

开展系列校园文化活动:"书香盈满人生路""做诗意教师、创诗意课堂"

大讲堂、葫芦丝演奏、国画社团等活动加深了教师文化底蕴,提升了人文素养;出版了《新星小学教师心育读本》,活动—心动—行动的教师心育模式,让每个人的潜能都快乐地释放着;"新星小学诗意教师、诗意课堂标准"的出台,将"诗韵文化"向更高层次推进。

(3)德润人心,快乐尽职,铸师魂

老师们撰写的《美丽故事》,让身边的感动成为正能量。2012年9月,我校李恒老师被评为天津市师德标兵,同时他的事迹曾被刊登在《天津教育报》上;徐虹、武亦斌、韩蓉、王艳四位教师被《天津教育报》推选为阳光教师;这些成绩都对学校的师德建设给予了充分肯定。

2."诗韵文化"融入队伍建设——做诗意教师,如春风化雨,润泽诗意人生

(1)完善管理,融"清水文化"于教师队伍管理

学校将"清水文化"融入教师队伍管理中,让诗意的管理成就教师诗意的人生。

(2)建立机制,成立"诗韵文化"工作室

精选骨干教师成立三个工作室,在诗韵文化工作室策划主持下,开展了系列师生活动。

(3)自下而上,出台诗意教师标准

自下而上,出台诗意教师标准,同时践行大讲堂中老师们对诗意教师的诠释:做"童心的教师""爱心的教师""诗心的教师""宽容心的教师""进取心的教师"。诗意的教师彰显了普通学校不普通。

○ **生活即德育——从生活中引导学生,从小养成良好的行为习惯**

为进一步落实行为习惯养成教育,学校制定了《习惯养成睡前问一问》表,开展直播窗口等活动。生活即德育,引导学生从我做起,从身边小事做起,从点滴细节做起,做到"勿以善小而不为,勿以恶小而为之",从生活中引

导学生从小养成良好的道德行为习惯。

做法一：进行"小学生不良习惯调查"活动，利用校会课分析调查的结果，向学生进行反馈，使他们进一步明辨好坏、美丑、荣辱。为促使学生良好行为习惯的形成我校还制定了《习惯养成睡前问一问》，要求学生每天对照该表反思自己，查找不足，促使学生早日形成良好的行为习惯。还制定了《新星小学良好行为习惯养成手册》，以规则来规范学生的行为。

做法二：以"好习惯伴我一生"直播窗口为载体，通过申报、抓拍形式，发挥榜样作用，为学生输送正能量信息。在每个教室门口设立展示园地，通过各班申报和现场抓拍两种形式，将本班良好习惯的点滴事例，以照片形式张贴在园地里，利用每周的升旗仪式公布照片，宣讲其事迹，并组织学生参观园地，由本班学生介绍讲解。这块园地像一个小电视台将班级中的好行为对外进行宣传直播，鼓励孩子从小重视习惯养成，把"好习惯伴我一生"浸润到每一个孩子的思想深处，为学生成功的人生奠定了基础。

"德育为先、立德树人"是一个永恒的主题，需要我们以"滴水穿石"的精神带领师生一步一个脚印走好每一步，在实现南开教育美丽梦想的同时让我们的"德润人心，让普通学校不普通"的梦想也能圆梦！

（2014年天津市德育先进集体）

◎ 诵"经典诗文" 促和谐班级文化

几年来，我们教师大胆探索，认真实验，取得了扎扎实实的成效。学生的语言积累丰富了，书香校园的氛围浓厚了，师生共同成长起来了。"诵读经典"为学生带来了一片生机，它时时唤起学生创造的灵性，奏响学生心中诗文的琴弦，激活学生的好奇心和培养学生充满激情的美好情怀，增强学生的人格魅力，提高学生的文化品位、审美情趣。

1.诵"经典诗文"营造书香氛围

苏霍姆林斯基曾说:"在人的心灵深处,都有一种根深蒂固的需要,就是希望自己是个发现者、研究者、探索者,而在儿童的精神世界中,这种需要特别强烈。"由此,我们在诵读中华经典活动中常常通过各种手段来激发学生阅读经典诗文的欲望,想尽办法让学生感到书中藏着无穷的宝贝,与孩子分享阅读的快乐,激发起学生对阅读的渴望。于是结合各班学生的特点,我在班内提出了进一步的要求:学生个人要制作随身携带的古诗诵读卡(台历式),卡片由硬纸板制成,正面为古诗,反面为诗配画或诗意解释,图文并茂,每张卡片一首诗。几天后,学生们纷纷带来了卡片,慢慢地,学生们已形成了自觉制作卡片的好习惯。每个学期只要学校发下新的古诗文诵读内容时,学生们就会主动在家长的帮助下,自己制作古诗文小台历,现有的班已能够做到人手几本,制作的质量越来越高。有的同学把学校发的古诗在电脑里制作成了当年的台历,非常美观。创设这样的氛围,让学生自然而然地受到美的熏陶和启迪,也是利用班级文化氛围去影响学生的性情,提升学生的价值观念。通过这个活动,有些家长不但对古诗产生了兴趣,甚至真的和小孩一起读古诗文,这也成了最好的亲子活动。

早晨,同学们来到学校后,先把古诗文小卡片放在书桌的右上角,每天如此,已形成自觉的好习惯。每当学校诵读古诗文的音乐响起,同学们便主动拿起小台历大声诵读起来。

我们感觉在制作的过程中,学生们已经把所有的古诗熟悉了一遍,加强了对古诗的印象,同时我们也发现学生们越来越喜欢古诗了:有的学生根据古诗的意思自己动手画出相应的图画,有的学生在电脑中制作诗配画。慢慢地,学生们的视野不仅仅停留在学校发的古诗中了。我们在讲语文课中的古诗时,学生们主动做成了诗配画,这样学生们更加深了对古诗内容的理解。

当我们看到这些画时,也深深地感到:真是功夫不负有心人,虽然学生们的作品不是最好的,但学生们对古诗文产生了浓厚的兴趣,这就是最大的收获。

为了激发学生诵读的兴趣,我们在班里编排了古诗接龙活动:前一首诗的最后一个字与后一首诗的第一个字音是相同的。学生们积极配合,很快全班同学每人一首,都能接上了。

活动为孩子们创设了一个优美的文化氛围,让孩子充分领略了中国的传统文化,接受了中华民族传统美德教育。

2.诵"经典诗文"激发习作兴趣,以说促写

学生通过天天吟诵,学到了有关天文、地理、历史等各类知识,长期的吟诵也提高了学生的语文能力,加强了记忆力,提高了背诵力。过去一篇课文几天才能背下来,如今一节课就能熟读成背,短短的几分钟就能背诵一首诗。吟诵又增强了学生的阅读理解能力,提高了语言表达能力、习作能力。在写作文的时候,有的同学能够很自然地运用诗中的语句、典故,使他们的作文更加生动,令人耳目一新!

如在教学《和时间赛跑》一课后,进行了课后拓展,以"时间"为题,写一首小诗。学生是这样写的:

时　间

时间,时间,真珍贵,

一分一秒过得快。

大家不要浪费它,

抓紧时间多做事。

虽然时间跑得快,

争分夺秒必获胜!

虽然人们跑不过时间，
但是可以比以前快几步。
别看这几步很小很小，
用途却很大很大。

———王贺

时 间

时间非常宝贵，
我们要珍惜时间。
不要浪费时间，
我每一分每一秒都不能浪费。
时间像箭一样快，
要把握好时间。
不能让它溜走，
一寸光阴一寸金，
寸金难买寸光阴。

———姚淼

时 间

珍惜时间有学问，
争做时间小主人。
大家做得都很好，
闹钟一响就起早。

———马傲然

又如在教学《草原》一文后，根据本课的写法特点，以"春天"为题，写一篇写景小文，引用诗句来抒发自己的感受。学生是这样写的(截取片段)：

春风拂来，打在身上还有深深凉意，忽然想起李峤的一首诗："解落三秋叶，能开二月花。过江千尺浪，入竹万竿斜。"哦！我知道了，春姑娘来了，她让风儿告诉我的，因为花苞已经饱满，树条已泛起淡绿，就等于"能开二月花"了吧！大自然真是神奇啊！

——赵思宇

那随风摇的柳枝，便是柳树的杰作，这使我不禁想起一首诗："碧玉妆成一树高，万条垂下绿丝绦。不知细叶谁裁出，二月春风似剪刀。"

——刘梓霖

"哗哗"下起了小雨。我连忙跑到了小亭子里避雨。常听老人说："春雨贵如油。"果真不一会儿就停了。我又回到了那片草坪上。我不经意地低下了头，看见了有一处薄薄的小草下面有一些颜色。我蹲下来，拨开小草，令我惊讶的是：原来这淡淡的颜色是一朵小花苞，才刚刚探出头来。我又拨了拨别处的小草也都有小花苞。我想这就是"好雨知时节，当春乃发生。随风潜入夜，润物细无声。"

——王再英

这些内容正是语文素养的体现，随着年龄的增长、知识的沉淀，必将厚积薄发，诵读对习作的影响是潜移默化的，是润物细无声的。

3. 诵"经典诗文"拓展孩子的思维能力

有许多诗词的意境很优美，孩子在欣赏完诗句后，我们再要求孩子想象诗的意境，给诗配上合理的画面。如《泊船瓜洲》，"春风又绿江南岸"一句我们先让孩子在脑海中想象春天江南岸的美景,然后再说一说在春风的吹拂下江南岸会有哪些变化。接着再把自己对诗的理解用画笔表达出来,画完后再在画的旁边写上自己的感受。这样孩子们对这首诗的理解就更透彻了,也明白了作者为什么不用"到""过""满",而用"绿"了。这既锻炼了孩子的理解、表达能力,又拓展了孩子的思维能力。

有的诗我们要求学生结合自己已有的生活经验,再现当年的情景,演一演。如贺知章的《回乡偶书二首》,后两句"儿童相见不相识,笑问客从何处来。"这是一个富有戏剧性的儿童笑问场面,极富生活情趣,而这淡淡的一问中,又包含了诗人无穷的感慨。很多学生都被诗人久客伤老之情感染,这时可以让学生运用自己各方面的知识经验与诗词联系起来去想诗的意境。有的孩子想到了看过的电视剧中的那些归国华侨,他们常年漂泊异乡,不正和诗人此时的心境一样吗?于是学生把自己扮成八十多岁的游子来表演,演得既好笑,又让人心酸。通过演课本剧既激发学生的创造性,也使学生对诗的内涵理解更深入、更透彻。

我们又根据古诗《七步诗》的内容编排了课本剧,比较成功。实践证明,在人生记忆力最佳的时期,通过大量诵读古诗词,让文化经典占据孩子们的心,使他们少一些浮躁,多一份恬静。这也会使他们气质不凡,出口成章。另外结合说与写,深化了学生对诗意境的理解,不经意间提升了语文素养,陶冶了情操。

(孙敬老师诗韵班级建设纪实)

◎ 说好普通话、写好规范字、做新星儒雅学子

为贯彻落实《中华人民共和国国家通用语言文字法》《天津市贯彻〈国家中长期语言文字事业改革和发展规划纲要(2012—2020年)〉实施意见》等文件精神,近年来,学校努力推动语言文字工作的规范化建设,按照"三纳入一

渗透"的原则,努力将语言文字工作融入学校的各项日常工作中。创建"说普通话、写规范字、做文明人"的良好氛围,推进学校语言文字规范化建设的进程,现将工作开展情况汇报如下:

1.学校情况简介

学校现有24个教学班,872名学生,教职工74人,其中中学高级教师2人,小学高级教师56人,教师中96%以上达到大学专科及以上学历,100%取得普通话考核二级以上证书。学校秉承"主动学习,卓越发展"的办学理念,致力实现"将普通学校办得不普通"的办学目标。学校曾荣获国家"十一五"规划课题德育研究先进实验学校,天津市心理健康教育优秀学校。2009年、2013年学校顺利通过天津市义务教育学校现代化标准达标及提升工程。2013年学校在南开区教育局年度总结表彰中荣获德育、体育、卫生优秀校,教学质量优良校,阳光体育活动优良校;2014年学校被评为天津市德育工作优秀学校。

2.创建工作开展情况

(1)加强管理,建章立制,形成语言文字规范化工作的网络系统

制定了《新星小学语言文字规范化管理制度》《新星小学教师八条修炼》《新星小学教学常规管理制度》《新星小学课程管理制度》《新星小学教案检查评价表》《新星小学儒雅学子标准》。修订了《新星小学师德评估标准》《新星小学录用、晋级、评优标准》。这些制度中明确规定:把规范用语用字作为教师的基本标准,建立教师录用、聘任和晋职评优一票否决制,凡是普通话水平考试不达标的一律不予录用、聘任;教师用语用字不能达到基本要求的,一律不晋升职务和评优;对教师用语用字不规范,学生反映强烈的,年度考核不得评为合格标准。同时对教师在课堂教学、教案设计、批改作业上如何规范使用普通话、规范字以及在培养学生目标上都有明确规定。

①形成制度。学校每学期都召开语言文字规范化工作领导小组会议，研究和部署重点工作，突出目标和要求，每学期对学校公文、教师教案、课件、板书、试卷、批语、评语、学生作业等校园用语用字情况进行检查和监督。每学期对教务处、德育处、总务处的年度计划和总结进行语言文字教育专项检查，收到很好的效果。

②创设氛围。学校利用升旗仪式向全校师生、家长发出"说普通话、写规范字、做文明人"的倡议，利用广播分章节播放《中华人民共和国国家通用语言文字法》。坚持校园用字审核把关——凡是学校印制公文、公示、练习题、校本教材、家长信和制作标语、标牌、宣传专刊等，都必须通过学校语言文字规范化办公室审核把关。同时建立校园不规范用字发现奖励机制——凡在校园发现各种公文、公示、校本教材及各种专刊、标语、标牌及其他张贴物有用字不规范的情况，对积极发现的师生、家长，学校给予适当奖励。

③加强宣传。充分利用大屏幕将语言文字规范化的教育教学活动情况编辑成幻灯片在校门口进行循环播放，将"说普通话、写规范字、做文明人"的标语口号滚动播放，加大对全体师生、家长宣传的力度，同时在教学楼大厅张贴宣传画、海报等让全体师生意识到语言文字规范的重要性。在每层楼设立规范使用语言文字宣传栏，同时将《中华人民共和国国家通用语言文字法》及《国家中长期语言文字事业改革和发展规划纲要（2012—2020年）》发到学校公共邮箱中，组织老师们集体学习，将这些法规真正印入老师们心中，并渗透进自己的行动中。校长还利用全体会时间进行争创语言文字规范化示范校动员会。

（2）落实载体，丰富活动，提高语言文字规范化建设的实效效果

①与教师队伍建设相结合。教师讲普通话是一所学校规范化办学的重要标志，是学校依法办学的重要体现。特别是在王顶堤这样的老社区，学校和社会推广说普通话、写规范字的工作显得尤为重要。因此学校语言文字

规范化办公室负责人就语言文字法规性文件进行了校本培训,并在广大教师中开展了"说普通话写规范字教师普通话知识测试"活动,教师们在笔试的过程中对学到的语言文字法规和普通话知识有了进一步的消化和理解,促进了培训内容的学以致用。写规范字是教师业务考核中的一项内容。组织80后教师参加天津市语言文字的培训及考核,大大提高了青年教师规范使用语言文字的能力。我校还聘请南开区书法界有影响力的周德林老师,每月来我校进行书法讲座,提高教师规范书写汉字的能力,在指导学生书写方面起到重要作用。结合书写规范字的活动,学校为每位教师配备了《书法练习模板》,每周一练规范了老师们的基本笔画。为提高教师写硬笔书法的兴趣,近两年还举办了教师书法竞赛。结合重要节日,组织老师们开展诗歌创作,结合诗歌创作开展朗诵大赛,大大提高了教师正确运用语言文字的能力。

②与课堂教学活动相结合。坚持把普及普通话和语言文字规范化纳入教学管理,让语言文字规范化教育渗透到教学的全过程。一方面要求教师在教育教学活动中,必须做到用语用字规范;另一方面,将普及普通话和语言文字规范化纳入培养目标和教学要求,要求全校教师特别是语文教师在教学过程中,要注重对学生进行普通话口语表达能力、汉字书写能力和汉语拼音应用能力的培养训练。为把教师规范用语用字考核落到实处,我们落实了领导听课制度和课堂用语检查制度以及巡课制度。同时每月对教师批改作业和评语情况进行一次检查,并把检查结果作为月评估考核,以此促进教师用语用字规范化。学校还按照市教委下发的中小学课程计划安排,在一至五年级每周开设一课时的写字课程,选派基本功扎实的语文教师兼任习字与书法课程。同时明确要求语文教师每天要安排10—15分钟对学生进行习字训练,并进一步明确了培养良好的写字习惯是所有学科教师的共同任务。

③与德育教育活动相结合。学校利用升旗仪式向全体学生发起了"说普通话,写规范字,做文明人"的倡议;通过召开家长会,介绍学校推广普通话周活动安排,倡导家长和孩子同诵古诗文,共悟中华情;利用校园广播站、电子宣传屏等宣传普及语言文字法规和普通话知识;利用校讯通资源广泛动员学生、家长一起观看每周日中央电视台播出的《中国汉字听写大会》节目,在校园内、外形成推广普通话、促进语言文字规范化的良好氛围。此外,广泛开展"寻找身边的错别字"活动——学校发动一至六年级学生及家长巡查教室、校园、周边社区等处的不规范用字,并填写"寻找身边的错别字"实践活动成果记录,将发现的错别字分别向班主任、学校语言文字规范化办公室、居委会反映,让他们及时进行纠正。

④与学校特色活动相结合。"诗韵文化"建设是学校的办学特色,我们以"诵经典诗文,做儒雅学子"为突破口,深入推进讲普通话、写规范字活动进程,营造富有诗韵特色的环境建设,营造说普通话、写规范字的氛围。

按照"让每一个角落都能产生一种神韵,每一项设计都能体现一种理念"的思路,在环境上融入了梅兰竹菊的元素,把校园装扮得诗意盎然。丰厚了"三园两廊一室一墙"的环境格局,设置"诗韵文化"展室,如田园牧歌,学生可以在轻松舒适的环境中饱览中华诗文;设计了体现班级文化的班级风采展示牌;每个教室设立开放"书吧",便于学生诵读诗词、交换书籍;各班的环境布置,都根据本班的诗韵主题来设计……一系列的环境布置实现了学校打造"一步文化"的目标,即让学生从走进学校的第一步开始,可以处处看到诗,能够时时听到诗,让学生始终浸润在浓郁的文化熏陶之中。有特色的环境建设,营造出让孩子说好普通话、写好规范字的氛围。

3.今后努力的方向

语言文字规范化是一项长期而艰巨的任务,作为学校,我们还有许多有待完善的地方,比如还要在规章制度上更加细化、加强工作过程的管理、加强课堂主渠道对语言文字规范化落实的力度……我们将在上级部门的领导和指导下不断完善,向着更高目标迈进。

学校承担着国家通用语言文字教育和普及的主要任务,我们将立足学校实际,使师生建立规范使用语言文字的意识、养成规范使用语言文字的习惯、从而形成规范使用语言文字的能力,努力创建语言文字规范化示范校,让普通学校绽放不普通的光彩,让普通学校不普通!

(2014年创天津市语言文字规范化示范校先进经验交流)

◎ 让教师卓越发展,让普通学校更加不普通

对学校而言:"教师是学校发展的第一生产力"。校长的办学思想和办学策略是要通过教师去实施的。教师在新课程实施的过程中既是执行者也是创造者,实施课程改革的主要途径是课堂,先进理念要在课堂中体现,现代课程标准要在课堂中落实,鲜活的教学内容要在课堂中传递,而传递者正是我们的教师。我们的教师还是学生发展的促进者,也是学校、学生、家长的沟通者,因此教师德能双馨是实现学校可持续发展最重要的支撑点。为此我们强化"主动学习、卓越发展"办学理念的牵引作用,提出"让教师卓越发展,让普通学校更加不普通"的教师队伍建设的发展目标,践行"课题引领—强化师德—实践体验—适度帮扶—反思总结"教师专业化建设策略,让每个教师都能卓越发展。

1.重师德,铸师魂

通过制度规约,塑师魂;文化陶冶,美师魂;德润人心,铸师魂。

2.强师能,重质量

(1)实施两支队伍建设工程

抓骨干教师,发挥引路作用。一是让青年干部带头参与课改(我校中层干部中50%都在一线任主科教学,且是业务骨干);二是聘请骨干教师当

师傅(开展"一帮一、一对红"活动);三是引领骨干教师靠近党组织(使他们能成为"又红又专"的拔尖人才);四是多措并举促他们争当教育教学工作先锋。

抓青年教师,加速成长。一是注重文化熏陶(每一位大学生分配到校都先安排在教导处锻炼,使他们尽早得到学校文化的熏陶);二是重视精神引领(为每一位年轻教师精心选择年级组);三是实行"二带一师徒制";四是搭台子立梯子(注重为新教师搭建学习和展示的平台,同时放在重点岗位锻炼)。

(2)抓实、抓好教学常规工作,促进教师专业成长

①课前抓教研——三级教研推进了教师的专业成长。

合作学区片教研:积极组织教师参与合作学区片教研活动,聆听专家讲座,观摩名师教学,参与说课评课……老师们有了更多走出去学习、展示、交流的机会。

大组教研:由教导处牵头组织开展,围绕"高效教学"先后进行讲座,(如《有效教学和高效教学》《小学数学教学中有效情境的创设》等);组织教师观摩名师课堂,开展了"听周课"活动,推进了"群策群备——案例剖析——复上复评"教研模式的落实,由开始的抓骨干教师慢慢过渡到抓薄弱年级,旨在抓短板,促进共同发展。

小组教研:一个重要内容就是集体备课,我们提出三个"三"。三定:定时间、定中心发言、定教案;三明确:明确目标、明确要求、明确方法;三落实:落实习题答案、落实拓展训练、落实回头看(二次备课),"雷打不动"地执行小组教研。

②课中抓模式——课题引领教师专业成长。

2013年3月,本着继承并发展的思想,学校召开了多次研讨会,经过与教学专家、教学管理人员、教研组长、骨干教师反复研讨、论证、修改,最终达成

共识——构建"激趣探究"课堂教学模式。2013年8月,学校将"激趣探究"教学模式的构建纳入科研课题研究,向天津市教育科学研究院(简称天津教科院)提出"十二五"科研课题立项申请。在评审组专家意见的指导下,学校进一步明确并细化了研究内容和方法,于10月被批准立项为市级课题。2013年9月,学校先后举办了两场"激趣探究"课堂教学模式引领课观摩活动,部分学科带头人、青年骨干教师分别做了语文、数学、英语学科的研究课。通过分组观摩、研讨及专家点评,一线教师明白了"激趣探究"课堂教学模式强调的是学生乐学、主动学、会学。10月,学校在广大教师中开展了"头脑风暴"活动,共同寻找影响学生学习兴趣的因素,掌握学校教学现状第一手资料。11月,天津教科院专家进行了《高效教学漫谈》讲座,为我们的实践又提供了理论上的支撑。同时"新星杯"校内做课的关注点就是落实教学模式的实践课。

③课后抓反思——践行学者提出的教师成长公式:经验+反思=成功。

每课反思:从"记载成功之笔、牢记失败之处、捕捉教学智慧、记录学生创新,进行再教设计"五个方面进行,及时记下教学得失。

阶段反思或个案反思:对自己一个阶段的教学活动进行梳理,对自己影响重大的案例进行剖析。

对照《高效教学自我诊断标准》进行集体反思:诊断标准共设有三大板块和十个标准,采用"对话法",不仅由教师进行自我诊断,还以"建议方案"的形式呈现了他人的意见。

教师队伍建设是一个永恒的主题,这需要我们用"上善若水"的情怀,"滴水穿石"的精神带领老师们一步一个脚印走好每一步,让我们携手努力,在实现南开教育美丽梦想的同时让每一位教师的教育梦也能实现!

（2014年3月南开区小学教学会议典型发言）

◎ 多措并举创优质轻负教学特色

新星小学是位于南开区边缘的一所普通小学。经历了2009年、2013年两轮现代化学校标准建设,让孩子们享受到了均衡教育成果。为巩固建设,学校确立了以"教学为中心",深化办学理念,彰显办学特色,促内涵发展的工作思路。那么怎样抓好教学,校长的教学领导力至关重要。在实践中我体会到校长的教学领导力是多层面、多维度的:先进理念的引领能力,对课程建设的指导能力,组织指导教学和教研的能力,构建促进教师教学改进的教学管理制度的能力,建设学习型组织以引领教师自主发展的能力,培养典型教师能力等。围绕这些我和我的班子带领全体教师奋力前进,具体做了以下几方面工作:

1.教学现状分析

新星小学现有一线教师49名。学校的教师团队朴实、真诚、爱校、爱岗、爱生,具有很强的战斗力、凝聚力和向心力,这是新星小学发展的不竭动力。我们也清醒认识到这支队伍存在的问题:①教职工年龄结构比例不合理;②青年教师缺乏工作经验;③中老年教师创新意识不强、教法比较陈旧、教学理念与教学行为不同步。学校班子成员正视现实,研究现状,扬长避短,谋划策略,用实实在在的招法来夯实校长的教学领导力和中层干部的教学执行力。

2.努力提升干部的教学领导力和执行力

(1)强化学习

充分利用"日日学"这个载体,强化干部的学习,提出"每日学习15分钟"的硬制度,《中国教育报》《天津教育报》两份报纸,《人民教育》杂志,图书《听窦桂梅老师评课》等都是干部的必读刊物,从中吸取宝贵经验。前不久学校中心组被局党委评选为优秀理论学习中心组。

（2）赢在细微

树立"精心是态度，精细是过程，精品是结果"的管理意识；在教学管理上本着整体统筹、分口管理、分层落实，做到横有一个面（年级组），纵有一条线（学科），蹲点一个班；落实把"小事做细，细事做精"的管理机制。

（3）重在引领

本学年校长、人事主任分别担任不同年级语文、英语教学工作，身先士卒努力践行优质轻负，让老师们随时能感受到榜样就在身边，发挥示范引领作用。

（4）落在提升

提升了三种能力：指导教学和教研的能力、对教学现状诊断和评价的能力、培养典型教师的能力。

3.德业双馨，促教师卓越发展

强化"主动学习、卓越发展"办学理念的牵引作用，提出"让教师卓越发展，让普通学校不普通"的教师队伍建设的发展目标。

（1）多措并举强师德

进一步修订了《新星小学师德评估标准》《新星小学教师八条修炼》等管理制度，制定了《新星最美教师标准》，组织教师在《师德承诺书》上签字，引导教师严格履行承诺书中的细则要求；文化大讲堂、"书香盈满人生路"读书活动、葫芦丝演奏、国画社团活动引领教师提升专业素养；"诗韵文化"工作室的成立、诗意课堂诗意教师标准的确定，让教师诗意地工作与生活；校长带头与老师们撰写"美丽故事"八十多篇，多角度展现身边的感动事迹，活动凝聚了人心也营造了好风气，增添了正能量，此活动被《天津教育报》整版报道。

（2）"四让"强师能

①让管理层"沉"下去。干部"沉"入课堂，通过听课、诊课、议课等方式帮扶教师更新教学理念、改进教学实践，提升操作力的同时提升干部的教学

领导力和执行力。

②让骨干教师"亮"起来。选派骨干教师到姊妹校北京东城区回民实验小学学习特色办学经验、到北京大兴区第二小学学习观摩课改课程，到北辰区实验小学同课异构，积极参与市区各种观摩课，搭台子立梯子让骨干教师脱颖而出。我校吕萍、闫继军、王艳、王垚、武奕斌老师先后在区教研会上做研究课；闫继军老师还承担了南开区新课标解读数学专场做课的任务；王垚老师被推选参加市级录像课录制工作；闫继军、王艳、王垚获南开区微课比赛二、三等奖。

③让新老教师"联"起来。成立了"80后青年教师工作室"，制定了工作室运行机制，工作室成员制定了个人发展规划，聘请了教科室、教研室名优教研员、本校骨干教师与青年教师结对子，"二带一"师徒制使新老教师优势互补，共同发展。

④让全员"动"起来。以《小学"激趣探究"课堂教学模式的研究》课题为核心，确立优质轻负的教学特色为课堂管理目标，以"激趣探究"教学模式子课题研究为载体，让全员动起来，在摸索、实践、探寻、研究的过程中促优质轻负课堂生成。

在师生的共同努力下，近两年教学有了点滴的进步，2013年在南开区教育局年度评估中荣获教学工作优良校，统测统阅工作优秀校；2014年再上一台阶荣获教学工作优秀校好成绩。

教学是慢工，需要校长带领教师静下心来，走进课堂、走进文本、走进学生、悉心研究，用我们的爱心、耐心、细心和信心一步一个脚印地走好每一步。俗语说："飞瀑之下，必有深潭"，这"深潭"是"飞瀑"长年累月冲击而成的。如果我们注重平时一点一滴的教学管理实践积累，并持之以恒，那么日久天长必定能让我们的学校成为优质轻负的学园、乐园。

（2015年4月教学专项督导汇报）

诗意故事

◎ 今天开学第二天

今天天气凉爽,一改上周闷热与高湿度。由于怕堵车,我出门较早,走进学校刚刚7点钟。张志老师已在操场上忙碌了,在张老师的指挥下,保安师傅把"警戒"护栏摆放好,又走出校门劝说两个小摊贩远离校门。在楼梯碰到一年级的张慧义老师,在办公室听到张欣老师和她女儿的对话,楼下又传出刘学荣老师和我暂时还叫不上名字的老师在说笑,在这和这位老师说声对不起,由于本人记忆力不强,有的老师的名字还叫不上来。当时我自言自语了一句话:"老师们来得真早啊!"(当然有的老师我没有看到,说声抱歉)感谢老师们对新星小学工作所表现出的主人翁的态度。

7点35分,我来到校门口,所有行政老师都已到齐,焦校长在组织孩子们诵读古诗文,韩主任在记录考勤,高校长、李主任、石主任、徐主任在组织学生进校。抬头望去,天蓝蓝的,老师和孩子们都摆着手、微笑着互相打招呼,多么美好的一天又开始了!我们的班主任老师身着漂亮的职业装,优雅地站在孩子们面前,有的班主任低头与孩子交流,一年级的班主任在耐心告诉孩子们如何微笑问好。

校会课上石主任对孩子们进行了好习惯养成教育,随后传出富有磁性的男中音,李恒老师在给孩子解读古诗文,一切都井然有序,一切都充满感动。教研室的高国强主任带着教研员来看望并指导工作,这是我第一次走进新星课堂,王丹老师、汪真老师的课堂充满真诚与对学生、对教育事业的爱。从课件到学具精心的准备,体现和谐的师生关系——不时传来孩子们的阵阵笑声,融洽的同伴关系——虽已上课但班主任任丽老师并没有离开而是和徐主任协助汪真老师发放学具。当然我们的课还存在这样那样的不足,比如备课还要关注细节,上课要关注到每一个孩子的状况,我们还要设定更远大的目标,多学习、多研究、向高层次迈进……很遗憾由于并开四节课,错失了对宋金老师和张连俊老师课堂的学习,以后还有机会。

在这里我还要特别感谢韩荣、王艳、齐桂杰、赵华四位英语老师为刘煜老师代课。还特别要和武亦斌老师说声抱歉,听课中领导来校看望,中途离开。由于本人是英语教师出身,可能语言缺乏生动、语法缺乏精准,词汇缺乏光泽,但绝对充满真诚与感谢!

(写于2012年9月3日)

◎ 辛苦着,快乐着

孩子们上了整整两周的课了,可以用两个词来概括这十几天的工作:辛苦着! 快乐着!

一、二年级的社会实践,教师节家访以及各种常态工作很琐碎,但都能体现出老师们的爱心、耐心与责任心。社会实践活动虽然路途不远,但一年级孩子刚刚入学,为这次活动增加了很大的难度,于是王驰翔老师、赵越老师承担全程安全保护工作。由于是两个学校共同参与活动,我们的老师更是把良好的校风、精神面貌展现出来,所有老师都进入活动室指导孩子们活动,我们的焦校长、石主任感受很深、感慨很多! 教师节家访工作中一至四年级的老师丢弃电话,真正走到学生家中家访,让家长感受到学校、老师在创办人民满意教育过程中做的实实在在的事。五、六年级老师则是把家长邀请到学校,与家长孩子共同谈心交流。

六点了,吕萍老师刚刚与家长沟通完毕,我说:"您快去接孩子吧!"吕老师说:"我孩子这几天军训,所以把家长安排好,利用这几天沟通一下!"我听了又是一阵感动;又是一个六点,王艳老师把补课的孩子送到校外,并一一与家长交流;四点了,三年级的孩子已放学,郭建文老师还在补课! 三年级是孩子们看音写字的关键期,赵莹老师给孩子们整理了三大篇看音写字的练习题;孙坤老师为了把学校心育活动深入开展,利用业余时间到兄弟校学习;一年级的五位任课教师为了让孩子们能够尽快适应小学生活,养成良好的行为习惯,嗓子都哑了。感谢张惠义、刘学荣、李杰、任凤霞、刘煜几位老师,还有杨倩老师为了使孩子们体育活动充分开展,不仅喊哑了嗓子还主动要求按照安排好的路线再活动!每天早上古诗文诵读完毕,刘学荣、张惠义老师总是带领孩子们主动向老师问好,孙静老师、郭建文老师班的孩子没有中高年级孩子的羞涩而是大方地招手问好!

昨天突如其来的一件事让我对新星小学这个团队有了更加不同的认识,看到了老师们海纳百川的心胸!昨天放学时高红老师被患有精神疾病的家长围攻,虽然受到惊吓,但她表现出来的是大度与宽容,是一种博大的情怀!

随堂听课是我走入新星这个团队的一个路径,老师们没有反感,而是热心、诚心接待。李恒老师的课洋洋洒洒;赵华老师的课扎扎实实;于世文老师、樊爱玲老师的课有条不紊;张同姝老师的课思路清晰;张欣老师的课洋溢着自主探究的精神;孙坤、陈静文老师的课虽还很稚嫩但潜藏着极大的提升空间;让我没想到的是赵越老师和王尧老师的课,两个大男生不但把课上得有声有色,还能随时注重对课堂的调控,谁说男老师不注重细节!再看我们的孩子们全神贯注,可以说实现了有效教学,透过课程也能看出温涛老师平时的班主任工作很到位。

当然也要清醒认识到我们的课还有很多不完善的地方,需要改进与提升。另外还要提到几位老师的名字:孙坤、于世文、宋金、蔡彤、张彤姝老师,因为他们的备课教案是手写的。备好课是上好课的关键,希望我们越来越多的老师能够回归原生态的备课。还要感谢刘迎春老师,放弃了好几个休息日,作为外援去帮助将要迎接检查的学校。感谢陈会计为了让老师们拿到最称心的办公用品,与李主任放弃好几个中午休息的时间去市场摸底;感谢马会计除了完成本职工作还坚持在楼道执勤;感谢体育组的老中青五位教师为了提升两操、升旗的质量所做的工作。

最后感谢各位行政老师,不管年长年少,每天早早来到学校都最后才离开,困难危急时冲在前面,谢谢大家!

(写于2012年9月17日)

◎ 黄金假期后的第一天

经过一个月的紧张工作,迎来了盼望已久的黄金假期。8天时间匆匆溜走,今天是黄金假期后的第一天,老师和孩子们都处于休整状态,十一点钟石主任传来消息:德育检查组已查到我们学片,很有可能下午到我们学校,这个消息犹如一声号令,所有老师都进入迎检的状态中。让我又一次着着实实地感受到新星人的能力与能量以及每一个人所焕发出的责任心与对学校的那份爱⋯⋯

今天要夸夸我们的行政老师们,石主任饿着肚子忙了一个中午连下午;焦校长、高校长、韩主任、张志老师、马会计还有卫生王老师带着孙坤、王丹、陈静文三个年轻老师一个中午就把心理咨询室布置得像模像样,还得到检查组的好评。两位老同志带头擦地、擦桌子、浇花、洗花;李主任既是施工队的"工头"又是新星小学的监工,奋战一个中午战场全清;小徐主任则默默无闻地协助石主任整理材料,接待检查组;陈会计还为此事外出奔波送材料,而我们的各位组长则放弃中午休息时间加了一个会,回去以后又将会议内容进行了认真地传达和布置,检查工作顺利通过。下午又迎来制作展牌的文化公司来照相,又是一番忙碌的景象,尤其是一、二年级的班主任为每个孩子摆姿势,喊哑了嗓子。

新星人还有一个特别让我感动的地方,那就是每个人的工作状态是自主的、低调的、不计较时间的。双节期间,石主任、张志老师、李主任忙了好几天,而这些情况我提前不知,都是到学校巡视时或给传达室打电话得知的。在我们的百般努力和"软磨硬泡"下,房管所决定给机房、小会议室、传达室安装暖气,给小二楼更换暖气,这是一个好消息。

八月十五那天,宋金、王丹、王垚和德育两位同志放弃休息日,带孩子们到文庙去活动。还要和张连俊老师说声抱歉,高校长外出学习,张老师把课全部承担下来,但几次全体会都忘了说声谢谢,谢谢您,张老师! 还有王驰翔老师,看到园林的喷药车进入三十二幼,二话不说"免费"解决了我们学校树木杀虫问题。赵越老师为了改编校歌、灌制唱盘、修理鼓号,跑了数次,还把自己的老爸搬出来做技术指导。

下雨放学时间,金荣老师拖着不舒适的身体和行政老师们一起组织孩子们放学,我让金老师休息,金老师说:"只要我能干,我就坚持。"每天放学最后离校的是孙敬和吕萍老师,他们有的是等自己的孩子放学,但等孩子的方式很多,可以去逛街、遛超市、聊天,而我们的两位老师每天都在批改作业、备课。昨天最晚下班的是李恒老师,快五点半了,韩荣老师还在给学生讲题。

为了迎接学校文化展示,葫芦丝组的老师们放弃中午休息时间排练,高红老师做好各种协调工作,几次五点半了张惠义、任凤霞老师还在认真练习,今天中午我们伴随着高红、张彤姝、刘健老师悠扬的葫芦丝合奏吃的午饭。操场上一个个点位,都是体育组六位老师画出来的,从下午三点一直忙到晚上八点多,当时的场面很感人,大人们忙着,两个孩子则趴在草地上玩,据说那天新星小学的蚊子可大饱了口福! 我还要说一说科任组的几位老师,在均衡义务教育检查前负责专业教室的几位老师非常辛苦,大家都去社会实践了,而他们则忙了整整大半天,周一又配合学校进行了二次检查,谢谢刘迎春、赵越、樊爱玲、白芸、刘家荣和体育组的老师们!

"让普通学校不普通"是我们的奋斗目标,因此要把我们的特色"诗韵文化"发展壮大,但同时我们也要把握住让学校能够可持续发展的生命线——课堂教学。因此我们延续了以前一些好的做法,比如恢复周末乐园,这是建立一个和家长沟通的平台,同时也是练就老师基本功的一个途径。我深知给老师们增加了工作量,但每一位老师都欣然接受,我看到了一年级出的第一期练习,字里行间流露出老师对家长和孩子耐心的沟通与指导。

"立足课堂"是校长众多重要工作中的一项,因此我们还是坚持走入课堂,透过齐桂杰老师的课堂能看到齐老师良好的素养和扎实的专业能力,把握住了英语课堂教学的核心,孩子们爱齐老师;大密度课堂训练、注重及时反馈是阎继军老师课堂散发出的光芒,老师教的不仅是知识,更是方法;吕萍老师显示出强大的驾驭教材和课堂的能力;温涛老师的课充满激情;丁尉颜老师的课思路清晰,注重对孩子习惯的培养;范军霞老师的课稳扎稳打;赵莹老师注重为孩子向更高年级发展做好知识的储备;李杰老师的课能够给学生充分的时间和空间;刘学荣老师的课充满爱与鼓励,老师自己买来小粘贴奖励孩子,孩子的点滴小事老师都看在眼里;杨倩老师的课体现了三个清晰,环节清晰、思路清晰、语言清晰;张惠义老师注重对孩子好习惯的培养,注重知识的复现与迁移;任凤霞老师的课充满耐心与鼓励;还要对郭春燕老师说声抱歉,在听课时由于领导来校,中途退场。孔子讲"一日三省吾身",我们还要走出新星看世界,外面的天地更宽广,我们还要加强学习与研究。我们的课堂应是灵动的课堂,应是充满生命的课堂,应是孩子们的课堂,我们还要在不断的实践中转变我们的思想进而转变我们的教学方式。

总而言之,一个月的时间我看到老师们彼此流露出的真诚与坦诚,迸发出的新星是我家,我们爱新星的豪情。"把普通学校办得不普通"是我们所向往的,我想更是家长和孩子们所期盼的,但目标的实现还需我们每一个新星人脚踏实地走好每一步。

（写于2012年10月8日）

◎ 不寻常的 2012 年

2012 年,我告别了工作七年的学校、老师和孩子们,那一刻是那样的依依不舍。七年,两千多个日夜像呵护自己的孩子一样呵护着学校的一花一草、一树一木! 七年我累着并快乐着,我结识了挚友,我不断走向成熟!

2012 年 8 月 1 日,我人生的另一段行程起航了——我来到了新星小学。那一刻至今还历历在目,天公虽不作美,瓢泼大雨连着下了好几天,但老话讲,雨代表着人们之间的友情会无比深厚,当然这只是一句玩笑话。我就是带着这种美好信念,走进了新星小学。贾校长和班子一行热情地接待了我,在雨中我和班子成员送走贾校长,随即和班子成员进行了简单的交流。你们诚恳、朴实、团结、奉献的精神,深深地感染了我。

2012 年 8 月 20 日,这是我和老师们第一次见面,由于路不熟,虽然早早出来,但一上快速路就跑错了方向,在第一个快速路口赶快下来,问了四五个人才辨别出正确的方向。怀揣着不安走进校门后,我在焦校长的带领下与大家见面了。新学校是一番热闹的景象,几声欢迎,让我感觉回到了家,二年级的小帅哥和石主任提出要和我合影,说喜欢校长,这不就是一个和谐大家庭的景象吗?"人人朴实真诚,工作中有热情,同伴之间和谐融洽,处事正气有大局意识",四个月来让我真真正正地感受到大家的这种情怀,在我身边发生的许许多多美丽故事,让我感动,让我感受到新星这个大家庭所绽放出来的独特魅力。

1.美丽源于教师对工作的热爱

一年级孩子刚刚入学,老师们对孩子倾注了全部的心血,为了轻负高质,虽然多媒体设备简陋,但老师们课课必用的行为感动了学校,学校克服各种困难,将一、二年级教室全部更换为 55 寸彩电,兴奋都写在老师们的脸上。一年级的四位班主任对孩子关爱有加,刘学荣老师每天把小淘气牵在手上,遇到特殊问题处理得游刃有余、恰到好处；张惠义老师每天都早早来到学校，她班的孩子们懂规矩、有礼貌，这些都源于她平日细致的工作；任凤霞老师对孩子的关怀无微不至；在李杰老师的"调理"下，总有聪明的"小豆子"从她的班脱颖而出；刘昱老师克服困难承担四个大班的英语教学工作；六年级老师们承载着家长孩子们的梦想、怀揣着对教育事业的追求，度过了既辛苦又让人难忘的四个月。

四个月发生很多令人感动的事，高红老师被有精神疾患的家长不断骚扰、甚至在校外被拦截，她始终站在学校的高度、家长的角度来解决问题，晓之以理、动之以情，最终使问题圆满解决，她的大情怀，让学校、家长、孩子深为感动。吕萍老师患病期间，组内老师前去探望，嘘寒问暖，互相补台，齐桂杰和闫继军老师二话不说把副班主任工作承担下来。吕萍老师大病初愈后就投入紧张的区级研究课的做课中，做课过程体现了大家的团结与协作——郭春燕老师为借班上课耐心做孩子们的工作；孙敬老师多次询问课的准备情况；高红老师听课过程中及时告诉学校给吕老师配受话器，保证了做课的效果。做课只是一个形式但体现出的是"新星是我家，我们爱新星"的新星人情怀。数学组的两位老师讲起课来别有一番情趣，思维敏捷、思路清晰，孩子们爱上数学课。团结合作、集体研备在两位英语老师身上充分体现。六年级的老师们辛苦了！六年级老师们加油！

2.美丽还源于教师之间的默契

二年级组于世文老师的母亲突然病逝，因是周六还下着大雪，于老师料理完家里的事，下午才通知学校，她说只休息一天就行；12月31日在组长温涛老师的精心安排下，整个年级不仅顺利完成社会实践活动而且圆满召开家长会；宋金老师为四个班的家长进行了期末复习指导，认真准备、耐心讲解、无班级的界限，第四个班讲完已经接近7点钟，最后一个离开学校；青年教师王垚没有80后教师的任性与浮躁，积极向上、踏实肯干，这学期磨课三次，有了长足的进步;杨倩老师与孩子相处时像邻家大姐姐又像是朋友,在学校有紧急任务的时候二话不说冲在前。

三年级的中青组合,各项工作有条不紊,赵莹和郭建文两位老师密切配合,为三年级家长建立了题库,得到家长的好评;80后教师王丹老师是学校的电脑小高手,有求必应,许多老师的课件都是丹丹制作的;范老师带出的组如同她做人的风格,朴实、真诚。

四年级组既有讲起课来顶呱呱的武奕斌,也有刚刚参加工作教育教学工作能力日渐成熟的80后陈静文,组里的任何一个人的事都是全组老师的事,集体研究、协商解决;组里的老大姐任丽老师在高烧39度的情况下,也是笑脸盈盈地站在孩子们面前;张连俊老师带出的班稳重而不失朝气,而韩莹老师带出的组也像她的人一样安静、细致、大气。

我的办公地点与五年级组一步之遥,他们的一举一动我都"尽收眼底",在组长王燕老师的带领下,组内老师配合默契,经常见到李恒老师带着语文组集备教研;孙坤老师这学期磨课三次,每次都写出做课感悟与反思,孙坤的课体现了集体智慧的结晶,孙坤与五年级语文组的老师们共同成长。团结、奉献、不怕苦的精神也体现在两位英语教师身上,考前韩容老师连续一周都是六点才下班。三位数学老师聪明,有方法,期末考试学生考出了理想成绩,别看三位是"理科"出身,但经常在"诗韵文化"建设上出谋划策,动手操作。另外组里老师齐心协力,考试前一周,充分利用中午休息时间培优补差,让学校满意、家长满意、孩子满意。

3.美丽更源于教师的可爱

小学科大作为,因为教育的最高价值是促进个性和谐的发展,一所学校不仅要有学业成绩优秀的孩子,还要有跑得快、唱得好、画得美的孩子,这是教育的呼唤,更是社会、家长、孩子的期盼。因此我们的科任老师们任重而道远,我看到的是教师身上所散发出来的道道光芒。在组长王驰翔老师的招呼下,为了保证做操和升旗的质量,场地画点就画了三遍,每次都要一下午的时间;"姚大爷"人老心不老,每次干活都不拉空;两位"美女"老师也不示弱;本学期两操和课间活动的质量提高了。我们都期待着下学期学校的体育成绩像一颗闪亮的新星,在南开体坛闪烁!赵岳一人承担多项任务,修订校歌、灌制校歌光盘、教唱校歌、合唱比赛、重建鼓号队,每一件事都处理得井井有条。刘迎春老师克服身体不适、家庭负担重等困难把我校的科技创新活动承担下来。望着三楼窗台上孩子们种植的小花小草、水里游动的小鱼,不仅仅是赏心悦目更是高兴和感谢,很有可能就是这些小花小草引发孩子们的兴趣,将科技创新的种子根植他们的心中,将来就会业有所成。特色学校展示的专题片,是白芸老师放弃休息日和两位主任仅用了三四天的时间完成的,专题片为特色学校检查增添了色彩并受到专家组的好评。樊老师将"诗韵文化"融入绘画,扇艺制作让人拍手叫绝,希望樊老师潜心研究,把这项活动向校本课程延伸发展。汪真老师的劳技课每次都受到教研员的好评,金荣老师的品生、品社课孩子们爱上,下雨了金老师忍着病痛加入护导老师的队伍中。我们的四位后勤同志只要遇到恶劣天气到校最早、干活最多,2012年第一场雪我在QQ空间这样写道:新星小学的老师太让我感动了,今早因送我妈透析,路远车技差,7点半到校同志们已经干上了!感动!代表学校谢谢大家!

"每到一个新地方,我就像死过一回。"这是《士兵突击》当中许三多的感慨,我颇有同感,虽说没那么严重,却也真像脱胎换骨重新来过。细细想来,这样的感觉源于自己的认真。我是那种无论干什么事就要干到底而且努力干好的人,有点儿理想主义,有点儿追新求美。记得有一天早晨,我在路上开着车,望着一轮鲜活的朝阳,不禁想起自己走过的日子,"坚持"这两个字突然从我的脑海里跳出,是的,坚持!我喜欢这两个字,从某种意义上讲,它代表了我的性格和信念,贵在坚持,难在坚持,成在坚持!老师们,让我们相互扶持着！让我们相互鼓励着！让我们踏踏实实走好前进的每一步！让新星真的像一颗明亮的新星在南开区闪烁！实现普通学校办得不普通的奋斗目标！

（写于2012年12月31日）

◎ 心会和爱一起走

今天是这学期的最后一个周日,本来想好好放松一下,但总感觉还有一件重要的事没有做,不由自主坐在电脑前,用文字记录下我与老师们的点点滴滴……

一学期,四个月,120天匆匆而过,大家在忙碌中累并快乐着！2013年是不平凡的一年,我与老师们从相识到相知,我们相互鼓励着、携手经历一次又一次的考验。天道酬勤,我们新星人的勤奋、努力、似乎得到了老天的眷顾,"100条"评估那天竟一改往日的炎热,而评估转天就下起了瓢泼大雨。一位老师早上6点13分给我发来信息,发表心中的感慨……教育教学会议意味着又一段新征程的开始,我想把我的心里话与大家分享,今天我想说说在新星这个大集体中每个小团队的美丽故事。

1.美丽的班主任

班主任老师的美丽源于你们对孩子无微不至的呵护。我的孩子曾经和我说过班主任老师像妈妈,我认为这是所有孩子的心声。班主任老师的工作是烦琐的、基础的。但烦琐和基础不等于平庸,因为它同样能孕育伟大。这学期的检查纷纷而至,而我们班主任老师在这时起到了至关重要的作用,大课间检查、队列比赛、"100条"检查,每一项工作都体现出班主任老师的大局意识、高姿态、细心与耐心。因为你们的高标准、你们良好的精神状态,才有我们学生的精神饱满、意气风发,才能博得专家组对大课间活动如此高的评价。因为你们平日对孩子的爱,对家长的包容,用智慧和艺术去工作,才能使一件件的麻烦事迎刃而解,把一件件大事化为小事,小事解决在萌芽状态,千言万语化作四个字"衷心感谢"!

2.小老师不小

"80后教师"在学校里年龄最小,虽然你们人小,但在你们身上随时让我们能够感受到"人小心不小"。"100条"评估从准备到检查,我们的五个小不点老师起到了挑大梁的作用,他们除了要上好自己的课带好自己的班,学校哪里需要就到哪里。放弃了好几个周末休息的时间,协助行政整理文档材料、对教师进行信息化培训、为教师建立博客群、为校园网更新内容、充实心理咨询室的软硬件、甚至"100条"检查接待团队中还能看到这些小不点儿的身影,这些活儿看起来没什么,但干起来是那么琐碎又是那么重要,因此"100条"检查专家组评价的一个个亮点,有的是出自你们之手。孩子们,你们辛苦了!希望你们更加努力,带着梦想上路,因为新星的未来是属于你们的!

3.普通学校的老师不普通

记得在上学期的教育教学会议上我曾经说过:"小学科大作为。"为了孩子的终身发展,站在素质教育的高度,用这句话来概括科任学科的重要性一点儿都不为过。义务教育学校现代化建设又给我们发出了信号,一定要关注孩子的全面发展。这学期,负责专业教室的老师们很辛苦,从卫生到设备,从仪器到账目,一一清点,而且是不止一遍清点,没有抱怨只有积极的配合。你们工作的努力换来了孩子们多彩的生活,整齐的队列、特色鲜明的诗韵操、响彻新星校园的鼓号乐、窗台上的花园、有诗韵色彩的诗配画、电子画、剪纸,这些都彰显出我们普通学校的老师不普通。

4.不用扬鞭自奋蹄

六年级的老师承载着孩子、家长的梦想,怀揣着对教育事业的爱,度过了既辛苦又"痛苦"的四个月,我们的六年级老师发扬了"不用扬鞭自奋蹄"的自主工作的精神。尤其是在学校"100条"评估检查准备期间,老师们团结协作,顾全大局,平顺地完成了毕业班的工作,在这里代表全体行政向人员六年级的老师们道一声:"辛苦了!"

5.团结协作创佳绩

今年我们四年级的老师和孩子们很"幸运"地被统测统阅,全组老师在第一时间以最佳的状态投入复习工作中,学科之间相互配合,同学科之间无数遍的组内教研、研教材、研考点、研学生,老带青、青助老,充分利用每一分每一秒,和谐、团结、向上、奉献在这个集体充分体现,四年级的老师们辛苦了,期待着大家的好消息!

6.哪里需要我就出现在哪里

在新星小学还有这样一个团队,那就是与班主任搭班的主科教师还有我们的后勤队伍,你们是班主任老师的坚强后盾,是学校工作顺利开展的有力保证!

7.挚友、伙伴、姐妹

用南开区督导室督学们的一句话来概括新星小学的行政班子:素质高、能力强、关键时刻冲得上,能打硬仗。我用了六个字来诠释我们:挚友、伙伴、姐妹,感谢各位好伙伴在工作中的鼎力相助,祝愿我们能成为永远的朋友!

新的学期我们都应给自己提出更高的目标。

我给自己提出——做校长应做好三种人:校长应该是文化之人,文质彬彬。校长应该是一个智慧之人,慧敏治校。智慧的人有一颗慧心,有一双慧眼。慧心捂得,慧眼拾得。校长应该是性情中人,情通师生。

那么我也想给老师们一些建议,有一位校长在她的博客文章里对优秀教师给予了这样的诠释:

(1)优秀教师"优秀"的原因是能在教育教学中不断地自我更新。

(2)优秀教师应是一个大写的人、高尚的人,是照射在学生心里的一束灿烂的阳光。

（3）优秀教师不问学生"为什么不懂"，而应想"怎样做才能使学生明白"。

（4）优秀教师应该独具慧眼，适时捕捉学生身上的闪光点，并运用恰当的评语肯定他们，使他们产生积极而愉悦的心理。

（5）优秀教师敢于让学生超越自己是正确的，但若安心于学生超越自己又是悲哀的。

（6）优秀教师课下的言行对学生的影响往往比课上更大。

（7）优秀教师对学生的"严格"应建立在对自己的言行上。

（8）优秀教师最重要的是用心去教，而不仅仅是用书去教。

（9）有时，包容学生引起的道德震撼远比惩罚更强烈。

（10）学生喜欢的教师是在任何时候都能从他那里得到表扬和认可的教师。

（11）懂得播种春天的教师，才会收获春天。

（12）拿起表扬的武器，让每个学生都抬起头来走路。

（13）用幽默作为批评教育的手段，能消除学生的逆反心理，使之在笑声中认识问题，改正错误。

（14）最尊重学生的教师，也是最受学生尊重的。

（15）在学生面前敢于承认错误的教师，学生也会在教师面前不隐瞒错误。

愿我们共勉！

（写于2013年7月7日）

◎ 给生命涂上爱的底色

"201314"大家在微信上转发频率最高的的就是这六个字"爱你一生一世"，很有缘分与新星这个大家庭能够携手走过2013年，踏入2014年。2013年的每一件事都让我们难以忘怀，让我们一起回顾2013—2014学年度第一学期新星小学大事记：

2013年9月12日天津市义务教育现代化学校提升工程区级第二次试评估；

2013年9月23日天津市义务教育现代化学校提升工程评估；

2013年10月18日南开区德育工作评估；

2013年11月21日南开区科研工作评估；

2013年12月15日南开区队列比赛；

2013年12月23日南开区特色学校检查；

2013年12月27日"诗韵飘香"诵诗会；

2014年1月7、8、9日期末考试。

1.不见风雨,怎能见彩虹

"100条"提升工程是我来到新星小学后最严峻、最有压力的一次考验,但是我们顶住了压力,经受住了考验。上"100条"有困难吗？有,困难很大——校长对学校工作刚刚熟悉、校舍的陈旧、设备的老化、家长孩子水平的参差不齐、"100条"建设实际上就是对学校的大清查、大普查、大检查,接受这样的大普查对我们来说困难太大了……但我们共识了一点:每一次大活动和大检查是一次学校环境改善、教师专业能力的提高和校位提升的契机,因此我们要将困难变成挑战,以最佳的状态迎接挑战。

一个暑期的备战,我们校舍更加诗意飘香,克服各种困难将所有教室更换了多媒体设备,机房安装了新机器,同时将网络覆盖全校园……短短几十个字的描述,是我们行政老师和后勤同志们牺牲了整整两个月的暑假时间换来的。在这里向你们深深地道一声:"辛苦了!"在这期间我们的语数外老师以最佳的状态投入备课、研课、磨课、上课以及训练学生的工作中,年级组就是最基层的攻坚组,组长们带领老师们将学校布置的一项项任务高质量地完成。有做课任务的老师都已经把中秋节这样重要的节日忽视了,特别是我们的赵瀛老师,运气十足,三次中课,课上得一次比一次精彩,得到专家组的充分肯定;齐桂杰老师的课受到评估组高度评价,"激趣探究"的课堂教学模式充分体现;闫继军老师的课在区试评时得到A的好成绩;当然还有好几位老师的课虽然没有被点中,但课的质量毫不逊色。另外李学龄、张彤姝、武奕斌、王垚老师还为老师们做了"激趣探究"课堂教学模式引领课,为"100条"检查和我们的常态教学起到了很好的引领作用。科任和体育教师则是数遍地整理专用教室、清点仪器、填写使用记录,不厌其烦。在我们共同努力下顺利通过"100条"检查,同时也再一次让我看到新星人的能力与能量,每一个新星人的淳朴和可爱,以及所有新星人编织在一起所迸发出的团队精神和凝聚力,再道一声:"大家辛苦了!"

2.最悠闲的一次检查

"100条"检查是我到新星小学后最严峻的一次考验,而德育评估则是我经历的最悠闲的一次检查了,时值在上海学习。行政班子讲一个广播就是一声命令,师生立刻投入迎检的工作中,大家齐心协力使评估圆满结束,本年度学校再次被评为德育工作优秀校。这是一次不寻常的检查,是对干部执行力的考验,更是对老师们主人翁意识的考验,我很欣慰,我更感动,老师们的言行体现了"新星是我家,我们爱新星"的爱校、爱事业、爱孩子的情怀。

3.科研引领新星科学发展

科研工作越来越被各级主管部门重视,近几年来首次进行的科研评估,又从另一个侧面展现了我们的工作优秀。通过评估让我们看到了行政班子之间的默契配合,看到老师们在课题研究工作上的执着追求。孙静老师为了课的成功几次试讲、修改教案,最后完美呈现;孙坤老师的课以她的"很专业"得到专家们的好评。同时专家们对我们诗意教师、诗意课堂的发展方向给予充分的肯定,这让我们树立了走好今后每一步的信心和决心。

4.多才的教师、出彩的孩子

队列比赛、特色学校评估、诵诗会让我看到老师们身上蕴藏着无穷的力量。体育组老师们并没有躺在去年队列比赛优异成绩的光荣簿上，而是定下再创佳绩的新目标。在训练的过程中，丝毫没有看出姚大爷即将退休，也没有看出小梁子是刚刚融入这个集体，让我们看到的是大家只有一个目标，那就是再创优异。在班主任老师们的鼎力配合下，这次我们又如愿以偿获得优异的好成绩。特色学校评估、诵诗会，老师们身上闪烁的灵动与智慧充分展现，富有童趣的《悯农》和《咏鹅》凝结了一年级老师们的心血，孩子们在音乐彭老师和连俊老师的引领下载歌载舞，展现了不一般的一年级。二年级的自创诗，展示出新星孩子们"诗韵文化"厚实的基础，我们的"诗韵文化"建设不仅仅停留在诵读上而是向更深层次发展，不仅会读诗、背诗、还要会写诗。三年级孩子的《游子吟》让我们感受到了母子情深，不仅仅是情感上的交融，更是心灵上的震撼。四年级孩子们的表演更是精彩纷呈，演绎出了诗歌的发展史，展现了每一个孩子不普通的一面，体现了普通学校老师的不普通。五年级孩子的情景剧入情入景。正像我在以前发言稿中所说过的，所有这些体现了我们新星人办好人民满意教育的一种决心，那就是要让诗韵飘香满校园，要让普通学校不普通。

5.辛苦的付出，满意的答卷

期末考试是对我们这一学期教学工作的阶段检验，我们的每一位语数外老师都以饱满的状态、倾尽心力地做好期末复习，为我们的家长上交了一份满意的答卷。很"幸运"本学期四年级统测统阅，我想老师们的压力是无形的，我们五位老师放弃家中的一切事，全身心投入复习，不顾孩子正值考试也不顾自己身体不适，学科之间默契配合，同学科之间数遍的教研，多少次下班了、静校了，四年级办公室的灯光还亮着，老师们还在教研、沟通。功夫不负有心人，四年级在统测统阅工作中取得优秀率分别是：75%、75.9%、

54%的好成绩,千言万语化作四个字:辛苦! 感谢!

　　最后,我想借用北京第二实验小学李烈校长的一段工作感言作为结尾,以此与大家共勉:教师工作对我们来说,不仅是职业也不仅是事业,更是生命的历程;不仅是付出也不仅是奉献,同时也是在获取——获取自身的成长,获取成功的愉悦,获取生命的价值,获取人生的快乐!

（写于2014年1月3日）

校长之梦三：厚植素养打底色　合力教育奏强音

2015年9月25日，我又迎来了人生的一个重要拐点，被南开区教育局党委委派到天津师范大学南开附属小学（原南江小学）任书记、校长，当我接过这本沉甸甸的聘书时感受到肩上责任与使命更重了。南江小学的更名体现了区委、区政府对南开教育的高度重视，和对推进均衡、优质教育的决心，因此我倍感压力。更名以后，许多人都问过我这样的问题，"与师大合作办学，师大带给了你们什么？"一开始我的回答很直接也很简单，师大给了我们一个"师范大学附小"这么高大上的校名，但随着工作的深入开展，不断的实践与感悟，我越来越感受到的是师大专家给予我们的是创新的思想。我非常荣幸地结识了丰向日教授和他的团队，以及老南江小学的干部教师和孩子们，在刚刚走入学校的那一段时间里，我边熟悉学校情况，边思考学校未来的发展。当时丰教授不断向我和干部们灌输的两个关键词——核心素养与课程建设，到现在我还记得清清楚楚，当时我听到这些词语时的状态就是蒙，但是我意识到这就是学校发展的未来之路，事实证明我们就是在这条路上一路走来，越走路越宽广、越走越有自信。如何使学校在传承中发展，在发展中相融，在相融中创新？我在思考中逐渐明晰出以下四条脉络：

一是要把脚踏在附小校园的土壤里——熟悉学校历史，挖掘学校优势，传承学校精神；

二是要把手抓在学校发展的关键处——充分借助师大专家力量在教师

培训、课程开发等领域给予高起点、新思维的指导；

三是要把心用在学校文化的塑造中——深化办学理念,打造"和合"学校文化；

四是要把功夫花在办学特色彰显上——深化"合力教育"办学特色,实现"德智双全,身心两健"的育人目标,让"立德树人"落于实处。

在传承中发展

◎ 追溯学校历史,坚定办学理念

学校始建于1984年,原名南江里小学,2013年更名为南江小学,2015年9月更名天津师范大学南开附属小学(简称师大附小)。37年的历史,一代代南江人团结奋进、吃苦耐劳、求实创新,凝聚了"爱我南江、荣辱与共、拼搏进取、争创一流"的南江精神,这是新时期师大附小人创建学校文化的根基,也是师大附小人必须继承、发扬与深入挖掘的宝贵精神。

"关爱生命、关注成长"是我校一贯坚持的办学理念,学校始终将培养健康、善良的生命作为教育工作的最终目的。我们认为,教育过程就是生命与生命的交流,生命对生命的激励,是用一个生命去陪伴、浇灌和影响另一个生命。一方面站在生命的高度思考孩子的成长,已经成为我校各项工作的出发点与落脚点；另一方面站在生命的高度关注教师的成长,力争让每一个教师的生命都精彩。学校孕育了着眼于学生与教师生命成长的环境,形成了促进师生和谐发展的学校文化,真正成为师生健康成长的乐园。

◎ 梳理学校文化,确定"合力教育"办学特色

从南江里小学到南江小学的发展为师大附小的发展奠定了坚实的基础,更名后我们在丰向日教授的带领下对学校文化、办学思想重新进行梳理

与论证,既传承以前的优秀文化,也深化提升新的文化。在长期的工作中,"家校合作"成为老南江里小学的办学特色,早在90年代末,南江里的家长学校工作就办得有声有色。2013年更名为南江小学后,办学特色被提升为"合力育人,进步发展"。2015年更名为师大附小后,我们进一步论证"合力育人"办学特色的深度和广度,将其提升为"合力教育"。"合力教育"深刻地回答了"培养什么人? 怎样培养人? 为谁培养人?"这一教育本质问题。与"合力育人"相比,"合力教育"更加关注人的目标,追问育人的方向和价值。"合力教育"也拓展了"合力育人"中"合力"的含义。"合力教育"对外体现在家校的合力、学校与社会的合力、自然环境与人文环境创建的合力;对内体现在干群合力、师生合力、生生合力、课程建设合力。"合力教育"重在教育途径、教育资源的合力。教育途径、教育资源的"合力",旨在培养整体、全面发展的人,因此,"合力教育"更体现为学生各种能力的"合力"。我们将学校文化的核心价值定位在"和、合"二字上,即以"和睦同心、和合一致、和衷共济、和谐发展"为引领,营造"学生和乐、教师和睦、校园和美,学生合作共长、教师合力共进、学校合一共赢"的校园文化。

在发展中相融

1.大学与小学文化的自然融通

更名以后,我们将大学和小学的文化进行自然融通,将师大的校训"勤奋严谨、自树树人"作为师大附小教师教风的要求,鞭策教师"业精于勤,笃于行"。

2.充分发挥师大专家"智库"的作用

充分借助师大专家力量在教师培训、课程开发等领域给予高起点、新思维的指导。丰向日教授对学校发展给予高屋建瓴的指导,尤其是在师大附小的第一年,丰教授倾注了大量心血;董树梅副教授对全体教师举办了课程建设的讲座;卢建民、秦华副教授作了深入课堂的听课、教研……这一切为师大附小的"高位发展"奠定了坚实的基础。我也很荣幸加入丰教授的《基于学生核心素养的小学课程架构与实施研究》中,2018年参加天津市第六届基础教育教学成果评选并荣获市级二等奖的殊荣,目前正在积极与董树梅教授沟通《小学课程融合的实践探索》的合作项目……这些将为师大附小的未来发展增添羽翼。

3.积极为师大学生提供实践基地

我校是"天津师范大学卓越教师培养实践基地",每学期要安排师大一定数量学生见习、实习、研习,选派优秀教师担任实践指导教师。在这个过程中,我们的老师也是教学相长。初等教育学院2014级徐美慧子的毕业论文就是以我们学校语文教师潘丽娟老师为寻访的对象,题为《最是书香能致远——对一位教师进行课外阅读指导的叙事研究》的毕业论文。潘老师讲道:"在与慧子共同完成毕业论文的过程中,我收获颇丰,虽然我的年龄已近知天命之年,但这个过程让我再回到青春岁月,收获了友情,更收获了学术上的提高!"从2017年3月至今每周四下午师大学生要到我校进班见习并参与素拓课程的上课。党的十九大期间师大学生党员和我校青年党员联合开展了"我眼中'十九大'——我给娃娃讲党课"活动被天津市南开区有线电视台报道。2020年4月我被师大邀请为援疆学生进行岗前培训,10月为师大教育学部大二学生进行教育教学技能培训。我也被天津师范大学聘请为卓越小学教师培养实践导师,被天津师范大学教育学部聘请为小学教育专业实践指导教师。

在相融中创新

如何在这片"翻新"的土壤上播下创新的种子,收获"不一样"的果实,这是我冥思苦想的课题。在丰教授团队的点拨下,我们立足"合力教育"办学理念,探索实践"合力教育"的路径、机制以及评价方式,实现"立德树人"的办学成果。

◎ "合力教育"路径

○ 凝练学生六大核心素养

1."六力"核心素养形成的基础

基于"全人教育"的思考。"全人教育"要求"以人的完整发展"为核心理念,关注智力、道德、情感、审美、创造力、创新力等方面的发展,让学生在知、情、意、行方面获得全面发展。我们的教育重点和核心应该是对人的培养,必须指向人的核心素养。让学生追求完整的生活、完整的人生,要在以个人发展和终身学习为主体的核心素养框架中,在一个"不偏重知识""不唯能力"且"情感态度不缺失"的学校环境中实现生命成长。

基于学习化社会对人才培养的终身化取向的影响。高速发展的信息化社会,加速了知识的更新,学校教育将不再能够满足一个人一生的教育需求。在此背景下,终身学习理念深入人心,学习化社会日益形成。面对社会对人才培养的终身化取向,以往只关注知识教学的教育方式必须改变,而要转向培养学生各种能力。

基于学校文化的传承。"家校合作""合力育人,进步发展"为最后"合力教育"办学特色的确定奠定了坚实的基础。

2.师大附小学生的"六力"核心素养解读

一级指标	二级指标	三级指标
"六力" 核心素养	人格力	诚信正直自律谦和 关爱奉献厚德自立
	学习力	自能求知反思迁移 质疑批判问题解决
	健康力	乐观向上强身健体 温润心灵陶冶情操
	自主力	规划行动个性发展 自控自管自我实现
	交互力	和谐交往沟通互动 团队协作接纳支持
	全球力	民族认同全球意识 多元透视国际理解

毫无疑问,每个学生正是在同客体世界、同他者、同自身的对话实践中,实现自身素质的提升。人格、学习、健康是学生发展的素质基础;自主、交互、全球是一个学生要经过的三位一体的实践。其中自主是探索自我的实践,即人要处理与自己的关系;交互是社会性实践,即人要处理与他人的关系;全球是人建构世界的实践,即人要参与社会、认知世界。六大核心素养也呈现一定的层级性。人格力、学习力、健康力是基础,它们是学生终身生存和发展的需要。自主力、交互力是保障,它们是学生健康、快乐学习和成长的条件性因素。全球力是拓展,它强调处理个体与社会、个体与世界的关系。在这个开放的时代,我们的学生必须能够立足附小,放眼世界,做具有国际视野、天下情怀的现代中国人。

○ "六力"核心素养下的学科培育

2016年3月起,我们开启了学校课程建设发展之路,在学校课程建设中我们秉承"'德'为度,厚重文化"的课程理念,追求国家课程校本化;校本课程多元化;综合实践活动课程主题化、项目化。

"根植附小、放眼世界"合力教育学校课程框架

	类别	一年级	二年级	三年级	四年级	五年级	六年级
国家课程延展与融合	语文与美术、音乐	中外绘本趣读		国学心读		中外名著悦读	
		中文绘本制作					
		皮影戏(中文)					
	数学与研学	有趣七巧板		数学游戏24点		数学文化	
	英语与美术、音乐、科学	绘本+自然拼读			英美文化+自然拼读	英文原版阅读	
		英文绘本制作					
		英语戏剧					
		皮影戏(英文)					
		Light Up Science					
	艺术(美术)与语文英语	面塑		脸谱制作		折扇制作	
		油画					
		中英文绘本制作			——		
	艺术(音乐)	世界音乐文化课程(介绍世界各国各民族的著名歌曲、乐器等)					
	科学与语文、发现与探索	科学课与语文综合实践活动 (制作科学小视频、撰写科学小报告——辅助语文教学)					
		科学素养启蒙课程		——			
校本课程多元	体育	小足球、啦啦操、艺术体操、轮滑课程					
	音乐与英语	英语戏剧					
	道法、品社与德育	安全与健康榜样同行(启程课程、知行课程、修远课程)					
	劳技	"附小学子巧手扮校园"课程					

续表

		中国传统节日
校本课程多元	民族文化课程	中国传统艺术
		中国传统礼仪
		中国国学
		中国饮食文化
	榜样同行课程	附小榜样伴我行(启程课程、知行课程、修远课程)
	智慧交互课程	国际视野("世界在我眼里、我在世界怀里"系列活动课程)
		英语EDC课程(英语学科与音乐学科的融合)
		安全与健康(德育与道法、品社学科融合)
		小问号乐园
		科学创新实践课程
		六力筑梦、生涯启蒙课程(心理健康)
		果果课程(幼小衔接课程) ———
	自主实践课程	素拓实践课程(包括创意制作、科技模型、计算机、乐高机器人、无人飞机、脸谱绘制、版画制作、书法、剪纸、衍纸画、中国结、儿童画、素描、民乐、舞蹈、合唱、足球、篮球、艺术体操、啦啦操、田径、轮滑、跆拳道、国际象棋、国际跳棋、围棋、英语戏剧、皮影戏、主持人、茶文化、中国传统文化、京剧、评剧、快板、相声)35个子课程
		缤纷实践活动
地方课程拓宽	天津与世界	"附小学子爱家乡"课程
	发现与探索	科学素养启蒙课程

1.国家课程的延展

(1)语文课程的延展。围绕"语文课程建设下的书香校园"这一主题,依据学生的年龄特征,认识并传承优秀的中外文化,提高文化素养,坚定文化自信,开展中外绘本趣读、国学心读、中外名著悦读的课程延展。

(2)数学课程的延展。结合学生年龄、思维特点,分学段进行了有趣的七巧板、数学游戏—24点、数学文化的课程延展。

(3)英语课程的延展。按学段分别延展了绘本+自然拼读、英美文化+自然拼读、英文原版阅读。英语课程的延展可以帮助学生掌握英语学习的方法、理解英语国家的文化。

(4)艺术课程的延展。饱含浓浓中西文化符号印记的艺术课程的延展,帮助学生了解世界各国艺术形式和多元文化,培育学生文化理解与传承的良好素养。

(5)科学课程的延展。重在科学启蒙,播撒科学的种子。

(6)体育课程的延展。采用"基础+拓展+特色"课程实施模式,让学生在兴趣的牵引下进行课程学习。

(7)劳技课程延展。让孩子们在劳技课上学到的技能运用到学校环境建设上。

2.国家课程的融合

积极探索学科内的纵向融合。以学科内某一主题为线索,打通年级界限,将相关的知识进行融合,实现学生对知识整体的理解。语文学科初步尝试了"主题单元"课程结构的再建;数学学科初步尝试"相同知识点"课程结构的再建;英语学科初步尝试了"同类话题"课程结构的再建。

积极探索学科间的横向融合。以某门课程为主体,为更好地实现课程目标,将其他课程的相关内容、形式与其进行融合,实现课程内容和形式的优化。以语文、英语、科学课程为例,我们尝试过三个学科教师共同备课、研读教材,将同一话题"小动物"分别以英语课《Small Animals》、语文阅读课《昆虫记》、科学课《蚂蚁》呈现。三节课既有独立的学科属性又有知识的连接与相融。

我们尝试做了一些学科的融合,如图所示:

学科	音乐	美术	科学	道法、品社
语文	皮影戏	中文绘本制作	综合实践活动	
英语	英语戏剧	英文绘本制作	Light Up Science	
德育				安全与健康榜样同行课程

3.综合实践活动课程开放与生成

我校借鉴STEAM教育和创客教育理念,设计学科+、活动+、互联网+、创点星球系列项目统整课程(节日系列)等扎根于学科、拓展于活动、浸润于氛围的跨学科学习模式。

4.校本课程多元

民族文化课程、榜样同行课程、智慧交互课程、自主实践课程构成了我校现阶段四大类校本课程。

民族文化课程。本课程旨在弘扬中华民族优秀传统文化和传承中华传统美德,实施"合力教育"的办学特色,培养学生六大核心素养,构建独具本校特色的"和合文化"。本课程以"弘扬传统文化,构建和合校园"为主题,下设五个板块,即中国传统节日、中国传统艺术、中国传统礼仪、中国国学、中国饮食文化。在实施途径方面,我们有效整合各种教育资源,利用各种主题活动对学生进行传统文化教育,不仅可以使学生了解、感受传统文化的魅力,激发学生的爱国热情,弘扬民族精神,树立传统美德,在提升自身素养的同时也增强了学生的责任感、使命感、自豪感,不仅使他们能够用责任撑起自我发展的空间,也为中华民族的发展集聚能量。

榜样同行课程。"附小榜样伴我行"是我校的传统活动,结合南开区域性活动"争创周恩来班"开展"周恩来精神伴我行",形成榜样同行课程;致力于学生良好的习惯养成教育,锤炼学生的人格力;分年龄段开设启程课程、知行课程、修远课程。

智慧交互课程。旨在培养学生开放的视野、感受多元的文化。国际视野、英语EDC课程、安全与健康、小问号乐园、科学创新实践课程、果果课程,是我校提出的核心素养交互力与全球力的充分体现。

自主实践课程。自主实践课程提升学生的综合素养。素拓实践课程、缤纷实践活动,构成了目前我校的自主实践课程。从2016年3月起我们坚持每周三下午学生全部走班上素拓实践课程,课程也由最早的20个课程发展到现在的35个课程。

地方课程的拓宽。我们还尝试对地方课程天津与世界、发现与探索进行校本化的实践,开发出"附小学子爱家乡"课程和"科学素养启蒙"课程。

5.课程规范化管理

(1)制定学校课程评价标准

"一单"——积极拟定《天津师范大学南开附属小学六力核心素养多元评价单》。

"一册"——积极探索《各年级、各学科核心素养标准手册》。

"一课题"——积极参与小课题研究(每个学生申报小课题),发展学生综合运用多学科知识,解决实际问题的能力。

"一护照"——积极制定师大南开附小《花Young童年学生护照》,将学生在各种实践活动中的表现进行过程与结果并重的评价。

(2)探索学校课程时间的设置

根据学校课程的开设情况,初步实践了"综合、大、小、微"课时。

(3)编制学校课程建设管理标准

制定了《学校课程建设方案》《学科课程纲要》《学校课程质量监督与评价制度》与《学校课程手册》。

6.课程效果

通过五年的实践,初步形成课程特色文化。"合力教育"课程已成为我校素质教育的教育品牌,每个师大附小学子都落下了"六力"核心素养的烙印。2016年4月,我在天津市中小学课程建设校长论坛发言,该发言被收录到《天津市中小学课程建设典型案例集》中;2016年9月,天津市课程建设开放日第三场活动,我校向国内6个地区和市内16个区展示了课程改革成果;同月我在天津市德育课程研讨会做典型发言;2016年11月,参加天津市青少年创新思维与创客教育论坛发言;2017年10月参加台北市两岸城市教育论坛发言;2018年3月《基于核心素养的小学课程架构与实践研究》获天津市第六届基础教育教学成果二等奖;2018年5月"菌子之心"科学实验室素拓课程参加全国基础教育信息化成果展示,该成果2019年在第五届中国教育创新成果公益博览会展出,荣获天津市2019年特色教研成果;2018年11月参加全国品质课程论坛发言;同月参加中英论坛课程建设发言;2019年学校课程方案、英语课程方案分别获天津市课程建设方案一等奖;一年级科学启蒙网络课程被中国教育学会遴选为优秀课程。2018年我校被天津市国际交流处批准为孔子课堂并与苏格兰小学建立姊妹校关系。

○ "六力"核心素养下的活动涵育

"多彩十二月润童心"活动,作为学校的品牌之一,具有巧用时间节点、厚重学校文化、内容丰富、主题鲜明的特征。

1."多彩十二月润童心"活动简介

活动总目标:达理、健康、阳光、乐学(即知书达理、身心健康、善于学习、学会改变、审美情趣、家国情怀)。

活动策略:运用"大设计、中协调、小执行"的策略,整合校内外资源,确保各项活动有序、高效落实到位。

活动内容一览表

一月	搭乘"新年号"假期实践列车,学生分别抵达"假期安全我知道""红色图书我喜欢""好家风我在寻找""新年习俗我来探"四个站点,度过一个充实而有意义的假期。
二月	"好家风,我传承",孩子们学习并讲述优秀的家风故事,弘扬向上向善的社会风气。
三月	学雷锋志愿行,"花Young童年"志愿服务小队的队员们体会着"赠人玫瑰,手有余香"的快乐。
四月	"我们的节日——清明",通过线上线下的活动,弘扬传统文化,开展祭扫活动,倡议文明祭奠;通过书写清明诗词、制作英雄名片,感受爱国情怀。
五月	"寻找最美劳动者",孩子们用画笔、相机记录他们心中最美的劳动者,让中华传统美德教育扎根在学生心中。
六月	"周恩来精神伴我行——争做新时代好队员"交流展示,让楷模教育时刻激励孩子们前行。
七月	"童心向党"暑期实践活动拉开帷幕,"红色歌曲我来学"增强了学生对组织的归属感。
八月	"我们的中国梦——我们是新时代追梦人"主题活动,激励队员们要有爱国情操、家国情怀,用崭新面貌迎接新学期。
九月	"老师,我想对您说"微信征集活动,学生用画笔、语音、视频表达对老师的感恩之情,学会尊敬师长。
十月	"带着国旗去旅行""向国旗敬礼",学生们用童心感受伟大祖国的繁荣与强大。
十一月	"科技在我身边,未来在我手中"科技节,让孩子们通过探究体验科技、创新、环保等理念,培养科学素养。
十二月	"I Love English Drama"英语节让孩子们感受多元的文化,培养国际的视野。

2.活动做法

(1)创新"协同育人机制",实现"多彩十二月润童心"育人共同体三重优化

①优化资源开发。我区虽然有着丰富的教育资源,但是要想让这些资源转化为德育教育资源,须跨行业协作和各部门联手的一体化实施。因此,我们不断优化开发德育资源,强调资源共享、优势互补、相互借力,补齐教育活动资源开发的短板:首先启动了多部门联动,跨领域合作的机制,与区域实践活动基地周邓纪念馆、天津儿童福利院、儿童自闭症中心、南开环卫三所以及多家养老院、社区达成共建协议,共同打造志愿服务活动阵地,努力打造品牌志愿活动;其次充分发挥社会名人、专家、优秀家长的专业优势,编写活动方案,设计活动式任务单,参与指导学生的各项活动,邀请天津广播电视台的主持人孙阳、九河相声艺术团寇艺和王哲老师、南开区关工委吴俊英爷爷作为我们的校外德育活动辅导员;我们还整合优化校内优质资源,调动班主任和有专业特长教师的积极性,提供充足的专用场地,让孩子们在学校的最美书屋、"菌子之心"科学实验室、心理健康中心成功地举办了一次次活动,学校教育主阵地的作用得到充分发挥。让学生们文文明明诵读经典,读革命故事育初心;文文明明访名胜,研学行走续传奇;文文明明学楷模,红色基因来传承。

②优化体验方式。从建构主义理论的角度讲,体验是学习方式,是一种强调学习与知识主体互动联系的教育,注重学习者的深度参与,强调自我感悟与交流。因此,我校在体验学习中坚持五项原则:以学生为中心;主动性;学用一致;生动、活泼、创新;相互支撑的环境。构建了与育人要求、活动目标相匹配的丰富多样的体验方式,如审美体验、研学体验、环境体验、科普体验、旅游体验、职业角色体验以及与名胜古迹零距离接触和革命先辈的"跨时空"对话……既有大开眼界的博物馆、科技馆,又有寓教于乐的体验;既有

充满知识的学习任务,又有富有趣味性的体验项目;既有适合班级的线路推荐,又有易于学校二度开发的课程资源。学生带着任务去参观,带着课题去寻访,将各项活动内容与学科知识融合,使学生课堂上学到的知识得到拓展延伸,也使教师学科德育素养得到提升。

③优化活动模式。学校确定"多彩十二月润童心"活动"服务每一位学生全面发展,有个性发展"的理念,我们不断引入学生喜闻乐见的、兼具教育性质和时尚感的活动模式,让各类主题教育活动真正为学生们喜欢,以鲜明正确的价值方向引导学生,以积极向上的力量激励学生。以"我们的节日——清明"为例:学校组织学生利用互联网+,开展线上线下的活动,弘扬传统文化,开展祭扫活动,破除迷信,倡议文明祭典;通过收集清明节古诗词,学生书写清明诗词,制作英烈名片,感受其爱国情怀。总之,从某种意义上讲,一次成功的活动,就好比一篇优秀的散文。它的内容广泛、形式多样、方法灵活,教育总目标是它的"神",活动内容和形式是它的"形"。要把一次次活动变成一篇篇精美的散文,只有完美的外形是不够的,最主要的必须能通过活动打动学生的心灵,引起情感上的共鸣,使学生完成从外到内的转化,在思想认识上、道法情操上获得很大的提升,最终达到"神形"兼备。

(2)开发资源——让"多彩的十二个月润童心"活动在特殊时期绽放特殊的光彩

2020年在学生"停课不停学"期间,我们将"多彩的十二个月润童心"活动进行延展和拓宽,让"多彩的十二个月润童心"活动在特殊时期绽放特殊的光彩。

①知识赋能防护小课堂,守护学生健康。学校利用微信公众号每天发布健康知识学习,帮助家长和学生不断更新防护知识,其中涉及七步洗手法、消毒防护知识、外出就餐提示等各类全面的科学防护信息,这样的小课堂就像一本科学防护的百科书,为学生和家长提供最好的防护知识答案。

②精神赋能小课堂,培育时代新人。学校德育部门结合最新时事及时代先锋楷模精神,每周精心设计、线上开展德育小课堂。"写给病毒的一封信""厉害了我的国""野生动物朋友""无名雷锋""英雄之城"等主题鲜明的小课堂,用生动、鲜活的语言将社会主义核心价值观教育、爱国主义教育、生命教育、信念教育、劳动教育渗透到学生头脑之中,让学生在特殊时期通过学思践悟获得特殊的理解、体悟并将其内化于心,增强民族自豪感,树立时代责任感。

③心育赋能防护小课堂,建设阳光心态。学校童心筑梦心育工作室积极发挥心理教育的功能和优势,为学生提供心理健康疏导。工作室精心挑选合适的绘本、录制微视频,用"直面情绪和情绪做朋友"等生动的小课堂帮助学生树立阳光积极的心态,在特殊时期学会调适心态,懂得责任与生命的意义。

④实践赋能防护小课堂,提升综合素养。学校"创点星球工作室"遵循学校课程总目标,结合学校"六力"核心素养、STEAM课程理念,实现跨学科融合。在这个特殊的阶段,结合时事热点,录制了一套不受年级限制、操作性强、实用性强的创点综合实践活动专题课程包。课程聚焦劳动教育与环保教育,推出"我做父母小帮手1——叠衣服""我做父母小帮手2——塑料袋""水果串串香""迷你蔬菜盆栽""在家种豆芽菜""创点·守护者计划""福袋香包""地球一小时"等课程微视频,让学生即使"宅"在家里也能增强劳动技能、树立环保意识,在与父母相处过程中提升亲子关系,懂得关爱他人、学会感恩。

"多彩十二月润童心"活动是在学校精心组织、学生充分活动的状态下进行和完成的。学生的成长面临着两个世界,知识的世界和生活的世界。"知识的世界"引导学生获得知识,开启智慧,拓展心智视野;"生活的世界"启迪、培养学生的生活感受力,增进、丰富个人的生活体验。知识的世界与生活的世界的融合,才能培养完整的人。可以说,"多彩十二月润童心"把知识的世界与生活的世界联系起来。学校需要从"知识的世界"出发引导每一个学生面对"生活的世界",体验生活、发展个性、舒展自我、成为真正意义上的人。所以说,做好学校活动的设计与组织对学生个人成长有着重要的意义。毋庸置疑,"多彩十二月润童心"丰富了育人途径,为发展"六力"核心素养,为落实"立德树人"的根本任务发挥了较大的作用。运用"大设计、中协调、小执行"的活动策略,增强了干部的领导力、教师的执行力,使活动目标达成度高,学生呈现通达健康阳光乐学的状态,学校的班风、校风正,师生共美其乐融融。"多彩十二月润童心"活动,丰富了课程内容,推进学校课程建设的同时,教师学科素养得到提高。

◎ "合力"教育评价方式

在充分实践的基础上,充分征求师大专家团队的意见,出台了"六力"核心素养各年级评价标准,进一步推动"合力教育"向纵深发展。

天津师范大学南开附属小学"六力"核心素养量化评价标准(试行)

项目	解读	具体目标
人格力	诚信正直 自律谦和 关爱奉献 厚德自立	一、二年级: 1.认识国旗、国徽,会唱国歌,能够严肃认真参加升旗仪式。 2.不说谎不作弊,借东西及时还,做到知错就改。 3.维护公共秩序,做到排队打水、如厕、取餐等。在楼道校园里自觉右行礼让他人。 4.关心同学,乐于助人,主动为班级添置生活用品。 5.讲文明、懂礼貌,会正确使用文明用语,能够独立整理自己的学习物品。 三、四年级: 1.尊重国旗、国徽,具有爱祖国、爱人民、爱劳动、爱科学、爱社会主义的情感。 2.善于发现自身问题,能够接受他人的批评,做到知错就改。

续表

项目	解读	具体目标
		3.爱护公共财物,珍惜爱护学校和班级内的设施。 4.与同学友好相处,能够主动帮助有困难的同学。 5.了解中华礼仪和传统美德,仪态举止端庄大方。遇到挫折和失败,不灰心、不气馁。 **五、六年级:** 1.热爱祖国,热爱人民,热爱中国共产党。了解党史国情,珍视国家荣誉。 2.保持言行一致,不说谎不作弊,懂得明辨是非,敢于对不文明行为进行制止。 3.自觉遵守法律法规,遵守校规校纪,爱护学校公共设施,并能主动自觉维护,起到示范榜样作用。远离网吧、歌厅等未成年人不宜入内的场所。 4.友爱同学,关爱他人,能够帮助他人解决问题,主动伸出援助之手帮助有困难的人。 5.能够传承中华民族的传统礼仪和美德。遇到困难努力克服并能够主动寻求解决方法。
学习力	自能求知 反思迁移 质疑批判 问题解决	**一、二年级:** 1.上课专心听讲,认真倾听他人发言,遵守课堂常规,学习习惯良好。 2.认真倾听老师的讲解并动脑思考,能够较灵活地将学到的知识与生活相联系。 3.大胆发言,敢于在课堂上发表自己的观点。 4.能够在老师和家长的帮助下,运用课上学到的方法,解决学习问题。 **三、四年级:** 1.热爱学习,勤学好问,喜欢钻研,求知欲强,形成良好的学习习惯。 2.课上积极与老师互动,能深入思考问题将所学知识较灵活地运用到生活中。 3.积极发表自己独到的见解,对他人的观点大胆提出质疑。 4.善于提出问题,努力解决问题,积极寻求答案。

项目	解读	具体目标
		五、六年级： 1.有较强的自主学习能力,浓厚的求知欲望,乐于科学探索。主动建构学习目标,有长久学习的动力。积极主动地探索课外知识,延伸学习范围。 2.课后认真思考,有独到见解,能够举一反三、活学活用。 3.乐于发表自己的独到见解并能够运用充实的理论依据去证明自己的观点。 4.能够独立寻求创新的问题解决方法,拓展问题的深度和广度。
健康力	乐观向上 强身健体 温润心灵 陶冶情操	一、二年级： 1.自信开朗,积极向上,热爱学校生活。 2.热爱体育活动,能够主动利用课余时间参与运动,感受运动的乐趣。与家人一起锻炼身体,养成早起锻炼的好习惯。 3.了解自己、接纳自己、肯定自己。 4.初步具备在音乐、美术、阅读等方面感受美、欣赏美的能力。 三、四年级： 1.保持乐观开朗的心态,有良好的精神状态和学习状态,积极向上,努力进取。 2.积极锻炼身体,参加文娱体育活动,自觉强身健体,提高身体素质。 3.保持积极健康的心理,能够管理自己的情绪。 4.能够在音乐、美术、阅读等方面主动去发现美、感受美、欣赏美。 五、六年级： 1.珍爱生命,拥有积极健康的心态,能以平和的心态适应紧张而充实的学习生活。 2.积极参与学校组织的各项文娱体育活动,主动参与实践,自觉强身健体,有班级荣誉感,并能带动他人进行强身健体的活动。 3.学会舒缓不良情绪,能够自我控制和调节情绪。 4.广泛参与学校及社会文化活动,具有浓厚的兴趣,培养高雅的情趣。

续表

项目	解读	具体目标
自主力	规划行动 个性发展 自控自管 自我实现	一、二年级： 1.在师长的帮助下制定作息时间表,养成做事不拖拉的习惯。 2.乐于展现自己的特长,有自己的兴趣爱好。 3.自己事自己做,并能主动分担家务。在学校主动协助老师工作,成为小助手。 4.通过自己的努力,在班级中能够发挥一定的作用。 三、四年级： 1.能够自主设定发展目标,并付诸行动去努力实现。 2.在实践中锻炼自己,积极参加社团活动,培养个性,发展特长。 3.能够控制自己的情绪和行为,初步具备自我管理的能力。 4.有自我表现的意识,并能够在展现自我的过程中培养自信心、自尊心。 五、六年级： 1.能够结合自己的实际情况,制定合理有效的计划,合理安排时间,为达成目标而不懈努力。 2.具备良好、健康的性格,能够自主地评价自己和他人的个性品质。 3.具备较强的自我调控和管理能力。 4.主动寻求自我实现,并在过程中体现自我价值。
交互力	和谐交往 沟通互动 团队协作 接纳支持	一、二年级： 1.尊敬长辈,孝敬父母,与同学能够友好相处。 2.愿意倾听,乐于表达,主动交流。 3.课堂上能够在教师的指导下,开展小组讨论、交流活动。 4.虚心接受批评,勇于面对缺点,并积极改正。 三、四年级： 1.尊重师长,主动团结同学,善待他人。 2.乐于帮助别人,主动与人沟通,有较强的表达能力。 3.学会合作共处,主动接纳他人,帮助他人。 4.乐于接受同学的建议并能很好地完善自己。

续表

项目	解读	具体目标
		五、六年级： 1.孝敬父母，尊敬师长，宽厚待人，朋友间理解、信赖、帮助。 2.善于寻找共同话题，并能围绕一个话题开展交流，增进彼此了解。 3.积极参加各项活动，为班集体献计献策，团结协作，使班集体在各方面都有进步，使自身素养得到提升。具有强烈的集体荣誉感和团队精神。 4.能够接纳别人，善于发现并主动学习他人的优点，。
全球力	民族认同 全球意识 多元透视 国际理解	一、二年级： 1.知道中国有56个民族，初步了解一些民族的文化。 2.初步感知世界，对其他国家有简单认识。 3.对英语学习产生浓厚兴趣，利用多种途径了解世界。 4.通过英语的学习了解和接纳各国的文化。 三、四年级： 1.关心国家大事，弘扬民族精神，具有民族自豪感。 2.了解国际主要节日及文化背景，并会用英语简单介绍。 3.共建浓厚的英语学习氛围，有积极与世界沟通的意愿。 4.通过课内外的学习，对不同国家的文化有更深入的理解。 五、六年级： 1.关心我国国情及国家大事，在各个重要节日中弘扬民族精神，主动参与各种形式的活动，提高民族自豪感。 2.尊重他国制度文化，维护自己国家和民族利益。 3.感悟、理解、包容、接纳多元化的世界。 4.关注全球化的重大问题，用多元化知识丰富自己，增强全球化意识。

◎ "合力教育"实践与成果

○ 筑牢师德根基，奋楫争先促发展

天津师范大学南开附属小学遵循习近平总书记"国无德不兴，人无德不立"的教导，认真落实习近平新时代中国特色社会主义思想、党的十九大精

神以及全国教育大会精神,筑牢师德根基,不断促进学校持续优质发展。学校在南开区享有较高的信誉度和美誉度,是学生、家长向往的学校。

1.构建价值体系,支撑师德发展

一是凝练学校精神。学校在"关爱生命、关注成长"办学理念的引领下,"爱我附小、拼搏进取、合力育人、追求卓越"的学校精神已成为全体师生行为准则和道德规范的价值取向。二是彰显学校文化。附小大家庭的每一位成员将学校文化价值定位在"和、合"二字上,都在用爱心、耐心、恒心编织着生生互爱、师生共爱、师师互尊、干群合力、家校共育、学校与社会凝心聚力的"教育共同体"美丽画卷。三是制度规约。学校先后制定《师大南开附小师德师风评价方案》《师大南开附小最美教师评选办法》《师大南开附小教师"八项规定"》等师德师风建设制度,用制度规约来铸师魂,每学年教师节前夕的师德宣讲巡礼就是我们师德建设工作的集结号。四是优化管理。"五定三管"管理模式——"五定"即人定岗、岗定责、责定绩、绩定分、分定奖;"三管"——目标管理、过程管理、考核管理。已初见成效,全体教师分享人文管理的快乐,懂得"我应该做得更好"。

2.打造"五优",驱动德业双馨

一是打造优秀团队。基于校情,我们提出六支队伍建设目标:党员队伍——一名党员,一面旗帜;干部队伍——信念坚定、率先垂范;名师队伍——德业双馨、辐射引领;班主任队伍——胸怀仁爱之心,关爱每一名学生;男教师队伍——困难面前我不让;80后青年教师队伍——勇于争先,敢于担当。二是打造优秀教师。学校不懈努力培育"品德高尚、品质高贵、品位高雅"的"三品"教师,引导教师践行"立德树人"争做育人楷模。三是打造优秀教风。用"勤奋、严谨、自树树人"的教风鞭策教师"业精于勤,笃于行"。四是打造优质的课程。基于学生"六力"核心素养,充分挖掘整合校内外资源,对国家课程、地方课程、校本课程进行改革和建设,构建"根植附小,放眼世界"合力教育课程体系,课程已成为师大附小的核心教育产品,课程促进了教师的专业成长和学生的健康成长。五是打造优质平台。充分运用"承诺践诺、设岗定责、挂牌上岗、志愿服务"等实践载体,为党员干部教师搭建"做"的平台。通过开展系列教师文化活动,用文化陶冶美师魂、用规矩来塑师魂、用身边的榜样来铸师魂、用美好的愿景来聚师魂,教师队伍建设与学校发展渐入佳境。

3.共克时艰,勇毅笃行

2020年春天,为突破学校无法如期开学,市、区教育部门提出"停课不停学,学习不延期"的工作要求。学校迅速制定了"停课不停学"总体工作指导意见:树师德,不忘初心;重教研,讲究用心;抓质量,找准重心;有输出,奉献爱心。要求师大附小全体教职员工及各团队根据指导意见,创新工作模式。没有办公室,没有会议室,我们以"群"为主阵地,畅通信息交流,建立了支委群、党员群、行政群、年级组长群、学科组长群、班主任群、"停课不停学"工作群……自2020年2月1日起,学校已经开始研究"停课不停学"工作,"停课不停学"工作群召开了多次线上会议,按照市、区教育部门的精神以及我们学校课程建设的现状,以赋能防控常态下教学改革为宗旨,确定了课程方案。各团队教师以"上好每堂课作为最高师德"的情怀,优化教学内容,重构课程图谱,为学生们奉献一堂堂各展其美、各竞其芳的空中课堂。老师和孩子们共同努力完成好这场生命教育、信念教育、科学教育、道德教育。我们在用我们的师爱、我们的认真、我们的执着、我们的坚守来诠释着教育工作者的责任与担当!

4.厚德载物,精彩纷呈

"厚德载物",全体师大附小人以"以德立身、以德立学、以德施教"。涌现出以"区德业双馨十佳教师"叶慧、潘丽娟,"天津好人"吴彤为代表的优秀教师团队,她们虽已近天命之年,仍带领老师们积极投身课改。涌现出以90

后青年党、团员张晓蕊、杨晓倩、赵宇为代表的优秀青年团队。4个月共推送约130期公众号消息,写出了上百万字的稿件;他们还成立"最美爸妈"微信群,随时关注医务工作者孩子的身心和学习状况,让孩子们体会到父母不在身边时来自学校的温暖与关怀;他们中16人在特殊期间无偿义务献血。涌现出天津市劳动示范岗英语组,也涌现出在关键时刻冲在前的优秀男教师团队……近年来学校先后荣获全国最美书屋、天津市文明学校、天津市师德建设先进单位、南开区师德风范校、南开区五一劳动奖状等20多项国家级、市区级集体荣誉称号。

○ 天津师范大学南开附属小学英语校本样本

1.校情及英语学科组情况

本校学生以南开西部为主要生源。家长对学生的学习,特别是英语学习的指导能力较差。因此,如何通过学校英语校本课程的学习,调动学生学习英语的兴趣,成为我们师大附小教师迫在眉睫需要解决的问题。本校英语教师11名,本科生11人,多人次在市、区双优课、观摩课、展示课中获奖。英语组在2016学年、2017学年先后荣获"南开区工人先锋号""天津市劳动竞赛示范集体""南开区科研创新好团队"的荣誉称号。因此,具备一定的教育教学科研能力。

2.课程目标

通过英语校本课程的开展,激发学生学习英语的兴趣,培养学生良好的语音、语调、语感;通过听、说、读、写、唱、演、背等一系列的参与性强、趣味性强的学习活动,创设英语学习氛围,提高外语课堂效率,加强英语的实用性,拓展使用英语的时间和空间,使学生逐步掌握英语知识和技能,提高语言实际运用的能力,从而进一步提高英语综合素质。

3.课程简介

随着新课程改革实施的深入,新课程理念已深入人心。英语新课程标准强调：英语课程的学习，既是学生通过英语学习和实践活动逐步掌握英语知识和技能，提高语言实际运用能力的过程，又是他们磨砺意志、陶冶情操、拓宽视野、丰富生活经历、开发思维能力、发展个性和提高人文素养的过程。曾经单一的英语教学模式已经不能满足孩子们日益增长的多元化学习需求，我校校本课程本着以趣为先的原则，设计绘本故事；同时考虑学生的英语现实水平，确定绘本的语言难度；注重操练环节和绘本故事的合理、统一；发挥绘本情感教育的特点，鼓舞学生积极向上；充分展示学生个性，搭建表演平台的新型绘本教学模式。在学习绘本教学的单词时，融入了自然拼读的教学方法，让学生更加熟悉英语单词发音的规律，并在此基础上能够拼写单词、发音和自主的阅读。学生在老师的引导下，通过各种各样的交互式活动和任务进行学习，即"在做中学，玩中学，乐中学"。英文绘本不仅提供给学生自然、真实、有意义的英语语境，丰富的文类和题材有助于学生发展词汇及概念。在自然拼读教学的辅助下，学生们不仅能够自主阅读绘本，提高英语的学习兴趣，还为日后高年级英语的学习打下良好的基础。

我校校本教材的课程设计和编排简洁明了，既有助于学生对内容的理解，也能让老师更加轻松有效地使用教学材料。通过绘本和自然拼读的学习，让孩子们不断感受到英语语言的魅力，还能够掌握英语语言的运用能力。这是一条值得我们继续摸索前行的道路。

4.课程结构与设置

按学段分别延展了绘本+自然拼读、英美文化+自然拼读、英语原版阅读。英语课程的延展，可以有效提升学生的学习力、自主力、交互力。

由于一至三年级的学生年龄较小，在英语方面的知识较少，又有好动、爱表现、胆子大的心理特点，确定校本课程的内容为英语绘本。一、二年级英语现用教材为天津版《快乐英语》，多以单词和对话为主。虽只要求学生掌握单词的音和义，但不难发现，学生在认读单词时仍然很吃力，究其原因,还是缺乏系统的认读方法和缺少学习兴趣等。因此,借助校本教材,用自然拼读的方法,以绘本阅读的形式,帮助学生更好地提高英语学习能力。通过自然拼读的引入,可以帮助学生认读单词,提高语感和口语表达能力。通过绘本丰富的图片和有故事性的情节线索,创设情境,提高学生的阅读能力。

一年级的学生英语水平不高,所以不宜选择太难的绘本。句子词语过难容易造成学生难以理解,从而丧失信心,因此挑选了都是由一个句型组成的图片颜色丰富的绘本。简单的句子和词语组成了一个有趣的故事,吸引学生去读,去听,去表达。

二年级学生生性活泼好动,因此应选择富有趣味性、有故事情节线索,并且符合学生学习水平的绘本。同时,二年级学生已经掌握了一定数量的单词,应该注意借助已学知识来学习新知识,注意新旧知识的结合。通过教学使学生:

(1)掌握一定自然拼读的规则;

(2)能够借助自然拼读法,尝试拼读教材中的新单词;

(3)能理解简单绘本内容,读懂绘本故事;

(4)尝试表演或复述绘本故事。

三年级孩子已有一定基础,因此教学中注意以下内容:

(1)关注"趣味性"。融绘本于教学,以课本为本,收集绘本素材,尽可能使用和教材有关的素材,让学生感到既熟悉又有趣。以趣为先,编排故事内容。绘本以图画形式展开故事,激起兴趣,易于记忆。

(2)关注"现实性"。依据学生已有知识体系确定绘本长度和难度,使学生既不失去兴趣又能学到新知识。

(3)关注"感性"。绘本教学是以图画故事形式展开教学,把知识传授给学生,更重要的是用正确的情感、态度、价值观去感染学生。

(4)关注"个性",安排学生表演展示。该校本课程是根据英美文化来开展的,对于生单词是用自然拼音的方法来解决的。教材的内容具有反映语言的工具性和人文性的特点,通过将英语国家学生的生活、食物、假期等等和我们中国小朋友的生活进行比较,了解不同国家之间的文化差异。本着知识性、趣味性与能力培养的原则,将知识趣味化,寓教于乐,引发学生学习的兴趣,将英语与英美国家本土文化紧密结合,在英语环境下学习、感受、交流。此外,让学生在实践的过程中了解英语国家的文化,开拓文化视野,加深对本民族文化的了解,逐步发展跨文化交流的意识,实现英语教学的最终目标,发展学生的综合语言运用能力,为学生进入下一阶段学习打好扎实的基础。

五、六年级校本内容以英语原版阅读教学为主,在原有研究基础上进一步深入、拓展,将已有的阅读材料筛选、整理,附上练习,并在已有阅读教学策略、模式的基础上进一步研究,形成我们师大附小的英语阅读校本课程,把英语阅读教学作为一个载体,给学生提供很好的学习机会。在选取材料时注重以下原则:

(1)学生兴趣和文化背景原则

小学阶段学生形象思维占优、求知欲较强、好奇心重、爱表现,阅读材料以寓言、故事、童话为主要形式,激发学生的学习兴趣,并尽可能在教学中采用表演的形式让学生乐于参与。

(2)学生个体发展需要原则

学生受智力与非智力因素的影响,对学习内容有不同的需求。主教材只能满足基本要求。在我校,大部分学生出现"吃不饱"现象,我们的阅读课程为学生们铺设了另一个学习途径,开拓了更广阔的语言输入空间。

(3)实用性原则

阅读中出现的语言材料尊重生活、贴近学生的生活背景,即学生可以在日常生活中经常使用的,以此拓展语言的实践空间,增强学生活用语言的能力。

①通过英语校本课程的开展,激发学生学习英语的兴趣。

②提高外语课堂效益,创设英语学习氛围,加强英语的实用性,拓展使用英语的时间和空间。

③巩固和扩大词汇量,增强语感,提高学生的阅读速度和理解的准确度,逐步形成他们的英语阅读习惯和能力。

④培养学生综合运用以上阅读技巧的能力,进行篇幅较长材料的阅读和不同题材阅读内容的阅读尝试。

⑤加强学习策略的培养,提高学生自主学习的能力。

5.课程实施

此特色校本课程在全校一至六年级学生中开展,以学期为单位,各班利用英语校本课时,每周一节,纳入课时计划,主要由英语教师分工实施。保证师资和时间,实施过程中做到计划落实、人员落实、措施落实,要求实施教师精心备课,认真上课,确保达到预期的课程目标。

6.课程评价

为了确保课程建设的健康发展,进行了英语校本课程建设的评价探索工作。

我校校本课程采用发展性评价、形成性评价与终结性评价相结合。形成性评价主要运用于学生平时表现,以学生平时参与各种英语教学活动所表现的兴趣、态度、交流能力为依据,对学生在绘本学习和表演的过程给予评定。我校形成了融自我评价、学生互评、教师评价以及家长评价为一体的评价体系。例如在平时课堂表现评价中主要采用自评、互评、任课教师评价相结合的评价方式对学生的表现做出全面的评价,而终结性评价则是采取学生抽取相应绘本进行表演的形式进行。

7.课程资源开发和利用

(1)组内开会,研讨确定课程计划。

(2)各组教师通力合作,做到资源共享。

(3)搜集资料,编写教材。

(4)按时授课。

8.保障机制

(1)理论与实践相结合原则,注重知识性学习,更注重与实际生活相联系。

(2)分层递进原则,针对不同年级的学生,实施不同层次的课程内容。

(3)充分利用资源原则,尽可能地利用各种教学、学习手段为课程服务,做到人尽其能,物尽其用。

(4)兴趣性原则,以激发学生学习兴趣为入手点,寓教于乐。

通过此次英语校本课程的开发,能够加强英语教师的专业技术水平,提高合作探究的能力及新的教育教学方法的探究。通过英语校本课程的实施,能够激发学生们学习英语的兴趣,从实际出发,培养学生终身学习英语的能力。

○ "六力"筑梦,生涯启蒙

为深入贯彻教育部有关学校心理健康教育的方针政策,推进学校心理健康教育的发展,多年来师大附小以"合力教育"为办学特色,不断探索创新心理健康教育新途径、新方法,通过"生涯启蒙教育"努力实现学生"六力"核心素养的全面发展,形成学校心理健康工作特色。

1.课程引领,特色育"心"

(1)制定纲要,让学校心理健康教育规范化

在"根植附小,放眼世界"学校课程体系引领下,制定了我校《心理健康教育目标》《心理健康教育实施纲要》和《心理健康教育课程纲要》,来指导学校心理健康教育工作的开展和心理健康教育课程的实施。

（2）研发教材，让学校心理健康教育特色化

以"六力"核心素养培养为目标，着眼于孩子终身发展，依据学生发展规律和实际情况，在师大专家指导下，由学校主管领导、心理健康教师、心理健康工作室成员、骨干教师历经三年时间共同研发了《天津师范大学南开附属小学生涯启蒙教育校本教材》。教材适用于一至六年级共计六册，每个年级的教材内容是根据本年龄段的孩子们成长发展特点、心理认知规律编写而成。目前生涯启蒙教育课程已纳入学校课程计划，实施了近三年的时间。由心理健康教师利用班会课隔周授课一次，每学期按计划完成规定主题的活动内容。

我们还编制了《生涯启蒙活动手册》，课后孩子们通过观察思考、参与实践、发挥想象、自我设计完成活动手册中的项目，使课程实施更加贴近学生，灵活多样。生动活泼的形式激发了学生极大的兴趣，深受孩子们的喜爱。

定期组织课程研发组老师们进行课程教学研究，开展活动设计，交流授课体会，分享学生成果。教师每学年初都要制定教学目标，完成《生涯启蒙教育教师教学设计》，为课程实施提供了保证。

（3）"果果和朋友适应性教育"课程，让学校心理健康教育羽翼更加丰满

在一年级开设的"果果和朋友适应性教育"课程是一个关注学生心理健康和适应能力培养的实践课程。贴近生活的情节、循序渐进的内容、精心完整的设计，将积极的心理体验浸入学生的心灵，让每个孩子更好地了解和认识自己，提升自身对于学校和社会的适应性。

（4）建立评价标准，让学校心理健康教育更加科学化

建立《师大南开附小"六力"核心素养量化评价》体系，《师大南开附小学生心理健康评价标准》。通过"花 Young 童年"成长护照和"生涯成长手册"，跟踪记录学生成长发展，并进行心理健康综合评价，让学校心理健康教育更加科学化。

（5）开展生涯启蒙课程特色活动，筑梦快乐童心

①绘制《童心筑梦——我的绘本故事》。孩子们将课程中所学、所感、所悟、所获结合自己的想法绘制《童心筑梦——我的绘本故事》。孩子们用真实的想法、稚嫩的小手绘说他们在"人格力、学习力、健康力、自主力、交互力、全球力"方面的成长故事，表达他们对生命发展的理解。一本本绘本故事画册流露出孩子们的真情实感、幼小心灵上满满的获得感，也留下了孩子们对未来、对幸福生活的美好向往。

②以"六力"社团为载体，开展丰富多彩的心理健康活动。目前学校开设学生社团30余种，每周开展活动，如：沙盘游戏解密、科技畅想、轻泥塑减压、快乐曼陀罗、神秘魔方、中国结制作、艺术剪纸、植物栽培、英语戏剧、艺术体操、跆拳道、击剑、足篮球队等。孩子们在社团活动中放松心情，体验快乐，收获幸福。

③将微电影融入心理健康教育，打造"童心筑梦"影视空间。在老师带领下孩子们用易于接受、喜闻乐见、贴近生活的方式自编自导自演短剧。通过全屏影视音像这一新媒体，为学生提供良好环境。充分调动了全员参与的热情，让学生在娱乐中受教育，提升学生心理素养，打造健康阳光校园。

④开展特色"心育节"活动，实现同参与，共成长。我校在2015—2018年四年中成功举办"关注心灵成长，走进健康校园""温暖你我、阳光同行""小手拉大手，传递正能量""护航青春，筑梦未来"为主题的四届"心育节"。积极开展"爸爸妈妈我想对你们说""共寄心愿卡""全校传递正能量"等主题活动。通过举办"趣味亲子运动会"培养学生的团队意识，促进家庭和谐。如今，每年的"心育节"已经成为学生、老师、家长共同的节日。

⑤拓宽领域，将心理健康教育融入各学科教学中。将阅读与心育活动完美结合：低年级开展绘本趣读，中年级开展国学心读，高年级开展中外名著悦读，通过班级读书打卡、亲子同读、同伴互读、师生阅读、一年一度的附

小读书节等形式进行读书分享,培养良好素养,收获快乐人生。

2.全员育人,成果沁"心"

(1)优化配置,细说"心"语

学校大力推进硬件建设和优化设施配备。现已建成具备国家标准的"童心筑梦心理健康中心",心理健康中心包括:心灵小憩——放松区;心随我动——发泄区;心心相印——沙盘区;心语新愿——涂鸦区;开心宝盒——咨询区。建有恬静典雅的"童心筑梦美丽书屋",布局灵动的"童心筑梦团辅教室"和温馨舒适的"童心筑梦影视空间",满足师生活动需要。如今这里已成为大家放松、倾诉、分享和提升幸福感的乐园。

(2)打造团队,全员齐"心"

①学生团队——展风采:针对不同年级心理健康教育目标和生涯启蒙课程实施要求,设计不同的主题活动。丰富多彩的活动让学生充分感受到心理释放的快乐。如:一年级,美丽的校园;二年级,我和我的朋友;三年级,寻找会听的小耳朵;四年级,Hello,坏情绪;五年级,绘制曼陀罗;六年级,我的未来不是梦。

②教师团队——润童心:每学期通过主题讲座、游戏团辅等方式对全体教师进行培训。邀请师大专家针对教师队伍现状,开展团体减压活动,如"头脑风暴""绘制曼陀罗"等。针对老师们的需求和意愿开设多个教师心理社团,老师在缠绕画、国画、瑜伽、书法、手工制作中释放自我,感受快乐,克服倦怠,让幸福快乐走入教师的心田。

③家长团队——共成长:每学期举办多次家长学校讲座或宣传活动。通过"家长课堂""亲子运动会""家委会团体辅导""知心姐姐"培训"童心筑梦"心理健康公众号分享等途径,帮助家长了解孩子成长特点、规律,传授科学的教育方法。通过活动开展改善了亲子关系,密切了家校关系,促进了家校教育有效推进。

多年来,我校"六力筑梦,生涯启蒙"心理健康教育特色逐渐凸显,并极大程度上促进了学校办学特色的发展。学校在2015年"南开区心育节"评比中获优秀组织奖,被评为2018年南开区心理健康教育特色学校。学校近三年先后获得全国最美书屋、天津市最美校园、天津市文明学校、天津市绿色学校、全国英语戏剧大赛金奖等国家、市区级20余项荣誉称号。心理教师郭梦溪所做心理健康课《寻找会听的小耳朵》《回忆的小火车》等,多次在市、区级比赛中获奖,多篇论文获得国家、市、区级奖项,并积极承担"十三五"课题《低年级专注力培养的研究》,取得一定成果。多位教师积极参与心理健康示范课展示,获得各级领导和同仁高度评价。

如今,心理健康教育已成为我校最具特色工作之一,回首过去,我们深知工作中还存在许多欠缺和不足,展望未来,心理健康教育工作任重而道远。今后,我们将继续在"合力教育"理念引领下,巩固发展"生涯启蒙教育"特色,深入扎实做好心理健康教育工作。用心铸就孩子们的梦想,为学生心灵撑起一片蓝色的天空。

○ "菌子之心"综合实践活动探索与实践

2015年基于我校"根植附小,放眼世界,合力教育"课程体系,研发具有我校特色的综合实践活动课程势在必行。经过多方研讨,2016年我校在天津市科技协会的帮助下,与天津市林业果树研究所对适合小学进行的生命科学领域知识进行合作。天津市林业果树研究所为专业指导,利用我校的教学资源和师资力量,在三方研讨的基础上,确立了"菌子之心"科学实验室项目,主要弥补小学阶段,生命科学领域中除动植物之外的生命形式的研究与探索,建立"菌子之心"科学实验室,配置了基于互动平台、三维模型、全息投影、电子资料库、平板电脑、书吧的全方位沉浸式体验学习实验室。

在天津师范大学专家与天津市南开区教育中心教研员的共同引领下,

基于我校特色综合实践活动场探索社团"创点星球工作室"的校本化探索，开展以科学为主的多学科融合综合实践活动方案研讨。栾轶老师和赵强老师主要从科学角度进行主题选择和研发，马姗姗老师和叶金玉老师根据选题针对学生动手能力进行研发，赵强老师主要进行"菌子之心"综合实践活动的实践、实施及总结工作。经过多次教研，围绕综合实践活动课程的"价值体认、责任担当、问题解决、创意物化"四维目标，我们教研小组于2019年初根据我校特色"菌子之心"科学实验室针对性设计了一套以研究菌类为主的系列综合实践活动课程包，主要针对小学中高段进行探索和实践。融合多学科本着学生有收获的目的进行实践，并在综合实践活动课和我校素质拓展课开展活动，寄予未来以学校为基点，走进社区开展宣讲活动，实现教书育人，服务社会的愿景。

"菌子之心"菌类科学实验室目标是以师大附小实验室为基点，通过学生对菌类的深入研究，了解菌类知识及栽培方法。同时也是由学生充当志愿者并利用学校资源，走进并服务社区的推广菌类知识的校园公益实验室项目。经过近两年的探索与实践，我们逐步摸索出一套适合于中高年龄段的以"菌子之心"为研究方向的综合实践活动方案。

通过教研活动，我们确立菌子探究系列活动如何有效围绕专用教室群开展。菌类在日常生活中经常出现，本活动选题旨在解决学生对常见及不常见菌类的认知，并研究菌类对人类的作用和价值，能在生活中运用所学菌类知识，在遇到现实中的活菌时进行辨认，达到科学观察，善于记录，注意食品安全等目标。

本综合实践活动的解决方案可以概括为"3+模式"，介绍如下：

（1）合理统筹资源，实现校内外资源互联+

在教研过程当中，我们先对校内外资源进行了细致合理的整理。"菌子之心"菌类科学实验室立足科学学科课程教育，提供场地，安排科学专职教师及科技辅导员配合专业技术人员,向本校学生及广大青少年普及科技知识。联合天津市林业果树研究所,其食用菌工程中心从事食用菌研发40多年,拥有先进的仪器和雄厚的技术力量,针对社会各群体科普经验丰富,依托天津师范大学丰富的资源和先进的教育理念及知识为指导,实现小学与研究所、小学与大学的联合治学模式。

此外,我校拥有丰富的硬件条件,围绕"菌子之心"实验室的是我校获奖无数的"最美书屋"、材料丰富的心理健康教室、仪器齐全且专业的科学实验室、特色附小阳光种植房、藏书丰富的图书馆以及查阅方便的信息教室,一系列硬件条件的支持和开放,使得学校成为以教室资源为最大支撑的探究性学习基地。

我校拥有经验丰富的教师团队,内容多彩的素质拓展课程,聘请社会专业教师为指导。这一切经过课程研发组的统筹和规划,实现校内外软硬件资源的最大化互联及应用,实现第一个"+"——互联+。

(2)精心设计活动方案,实现学生活动参与+

教学需要依据,合理的活动方案是我们教研研讨的重点。"菌子之心"综合实践活动方案的设计,遵循学生发展规律,完成小学阶段综合实践活动课程的价值体认、责任担当、问题解决、创意物化目标,结合我校办学特色"合力教育"的指导,分别在低中高三个学段开设四个阶段的课程实践包。

一、二年级:对学生进行工具使用、思维力训练、动手能力的培养,以简单了解菌类知识为主。

三、四年级:主要培养学生思维联想力、动手实践能力、问题发现能力。以开展探究食品安全、培养种植菌类为主。

五年级:主要培养学生专注力、阅读能力、归纳能力、分析能力、表达能力、物化能力,以开展阅读菌类书籍,制作菌类研究导图、读书卡为主。

六年级:主要培养学生实践探究能力、综合能力,结合科学学科,开展解剖菌类、显微镜观察等深入探究活动。

根据精心设计的课程方案,实现每个年龄段、每个学段,都可以力所能及且都能实践的活动,综合达到第二个"+"——参与+。

(3)平台化发展模式,实现教师学生发展+

在探索适合学校发展的脚步上,我校遵循"人发展带动学校发展"的宗旨,注重学生和教师的全面发展,依托我校自身平台,在开展"菌子之心"活动过程中,将研究成果通过班级展示栏、校级展示栏、校园网站、微信公众号等多方校级平台进行展示和宣传,达到以研究促学习、以学习促发展的最优学习发展模式。依托我校社区资源,根据学生的探究成果,以教师为指导,学生成立"菌子跑跑"志愿小队,走进社区,以社区为平台,开展"菌子之心进社区"活动,学生担任小小讲解员,介绍菌类知识,推广菌类种植方法,达到学校平台到社区平台的无缝连接,最终实现教师学生在社区实践发展的目标。

此外,开展"小小菌类研究员走近研究所"活动,带领学生参观菌子工程中心,从学校平台走进研究所,实现学校到社会机构的学习和研究。

通过以学校为主要平台,辐射多个社会性平台,促进教师学生综合发展的综合实践活动,实现最后一个"+"——发展+。

通过"3+模式"的实践,我们在"菌子之心"为起点的综合实践课程活动方案中,得到了无比宝贵的经验,为未来探索更多适应于学生的课程包奠定了基础。

在本次教研活动中,我们打破以实验室为主的教学活动进行探索,尝试进行项目式学习型系列综合实践活动的研究。在教研过程中,我们发现很多实验室以本实验室拥有的材料为研究方向,而我们主要就如何让专用教室群成为学生的应用和研究资源为方向。

我们对学校资源进行了更进一步的整理和开发。实验室中拥有最新的全息投影、体感闯关游戏以及必备的模型、书籍和视听资料等,这些都是优质的设备和资源。我们的研究内容是在研究食品问题时衍生出来的一个小点,而这一点又是众多问题的研究方向——菌类。菌类的研究需要实验室的支持,但由于实验室资源的局限性,又可根据已经研究的部分走出实验室引申研究或深入了解和实践。学校的资源虽有限,但其充分利用后的效果是无限的,我们旨在通过"菌子之心"的研究,调动学生研究的积极性,充分利用图书馆、计算机房、科学教室、美术教室等学校资源。

经过教研,我们最终确立目标:哪怕是一个问题的研究,也可以让学生的思维活起来,身体动起来,让所有学科、所有学校资源,成为帮助他们探究学习、解决问题的"工具箱"。

○ **以课程为支点,传承优秀传统文化**

传统文化是中华民族优秀文化的文化基因,学校文化建设必须传承发扬这种文化基因,为此我校选择了"从课程出发,以课程为支点,传承传统文化,撬动学校文化建设",将"培育和践行社会主义核心价值观从娃娃抓起"育人目标落地。

1.传统文化——中华文化的基因

基因,是内在成因,是根脉。正如人长得像自己的父母是因为遗传基因,一个国家、一个民族也有自己独特的精神基因,从而形成不同于他国、他民族的人文性格和文化习惯。中华民族的精神基因、文化根脉在传统文化里。千百年来,中华文化中凝聚、积淀、总结了许多优秀、精辟、独特的思想精华,已经融入中华民族的文化血脉之中,为一代代中华儿女所敬仰、认知、学习、传承。中华文化是中华民族最深沉的精神追求,是中华民族生生不息、发展壮大的丰富滋养。文化是民族的根——一个民族的崛起常常以民族文化的复兴和民族精神的崛起为先导,一个民族的衰落则往往以民族文化的颓废和民族精神的萎靡为先兆;精神是民族的魂——中华民族的伟大复兴,要在现代化的艰难进程中实现,现代化则要靠坚实的民族精神支撑; 传统是民族的本——时代精神强调时代的理性认同,而民族精神却立足于 民族的情感认同。民族认同不是逻辑推理或理性构造的结果,而是民族传 统中长期的历史和文化积淀的产物,民族精神要从传统文化的深厚积淀中 铸就。

2.学校文化——植入传统文化基因

从历史积淀中发掘文化根源,注重传承、注重守成、尊重历史,从"历史" 走来,引领师生走在"今天"的路上,向着"未来"前进,这是师大附小学校文 化建设发展的脉络。多年来我校在"关爱生命、关注成长"办学理念的引领 下,本着传承发展的思想将学校文化的核心价值定位在"和合"二字上。无 论是人与自然、人与社会、人际关系,还是道德伦理、价值观念、心理结构、审 美情感,都贯通着"和合"。在中国,以广泛深厚的"和合"文化为基础的追求 社会和谐的思想源远流长。学校"合力教育"的办学特色也是在"和合"学校 文化的基础上不断深化的,"合力教育"来自和谐的人际关系、丰富的内心世 界和优良的人文环境,这种和谐又是依靠大家同心协力创造出来的。实践 证明,学校"和合"文化成为全体师生行为准则和道德规范,成为师生举手投 足之间的一种共同气质,最终成为展现学校文化特征的名片。

3.以课程为支点——撬动学校文化

"给我一个支点,我就能撬起整个地球。"古希腊著名的物理学家阿基米 德家喻户晓的这句格言,不仅向我们传递杠杆原理,还告诉我们:做任何事 情,只有找准问题的核心,把握问题的关键,解决问题才会更轻松,发展效果 才会更明显。在学校文化众多的文化元素中,我们基于"全人教育"的思考, 基于学习化社会对人才培养的终身化取向的影响,基于对《中国学生发展核 心素养》总体框架"三大方面、六大素养、十八个基本要点"的充分理解,更基 于学校文化的传承,我们将课程文化作为学校的重点文化去建设,以课程为支点,传承传统文化,撬动学校文化建设。

(1)构建"合力教育"学校课程体系

基于我校学生"六力"核心素养,依托"合力教育"的办学特色,对国家课程、地方课程、校本课程进行了改革和建设,初步形成"根植附小、放眼世界"合力教育学校课程体系,这些课程的开发培养孩子的国际视野、天下情怀和民族精神。

(2)将传统文化植入学校课程

①将传统文化植入语文课程。《小学语文新课程标准》总目标中明确提出:"认识中华文化的丰厚博大,吸收民族文化智慧,关心当代文化生活,尊重多样文化,吸取人类优秀文化的营养,提高文化品位。"我校围绕"语文课程建设下的书香校园"这一主题,依据"学生主体、全员参与、以校为主、辐射家长"的工作思路进行了"阅读在附小"的课程延展,探索以课堂为主、课外校外为辅的语文学科课程延展的模式。依据学生的年龄特征,开展绘本趣读、国学心读和中外名著悦读。我们坚持每周60分钟的阅读课,将延展课程有效落实。

中年级我们开设的国学心读课程,从古诗词、国学故事入手,引导学生了解祖国传统文化,形成独立阅读的能力,努力达到一定的阅读量和背诵量,注重学生的心得感悟。通过让孩子们诵读《千字文》中"天地玄黄"来了解《盘古开天地》这个美丽的神话故事;通过诵读"乐殊贵贱"引导孩子懂得乐曲分雅俗、礼节有尊卑。对人要有仁爱之心,气节、正义、廉洁、谦逊这些美德,即使在颠沛流离的时候也不能亏缺。通过《老汉粘禅》国学故事让孩子们领悟到一个人如果能排除外界的一切干扰、集中精力、勤学苦练,就可以掌握一门过硬的本领。

高年级开设了经典悦读课程,使学生能完整阅读一部或多部推荐作品,能有条理介绍作品梗概、主题等;能多角度评价作品,表达自己的阅读感受;

注重学生评价鉴赏文本能力的培养。五年级的阅读课通过对《红楼梦》作者的简介、内容概要、精彩片段的赏析来引发孩子对《红楼梦》这部充满传统文化精华的巨作的兴趣,从而爱上《红楼梦》,读起《红楼梦》,读懂《红楼梦》。六年级阅读课上我们向孩子们推荐了《俗世奇人》一书,是著名作家冯骥才创作的短篇小说。冯先生是天津人,天津卫是水陆码头、居民五方杂居。这本书讲述一些传奇人物的生平事迹,读懂《俗世奇人》能让孩子感受天津人的豪迈与激情,爱家乡的情怀会油然而生。

②将传统文化植入数学课程。《小学数学新课程标准》中提出:"初步认识数学与人类生活的密切联系及对人类历史发展的作用,体验数学活动充满着探索与创造,感受数学的严谨性以及数学结论的确定性。"我们结合学生年龄、思维特点,在数学课程上分学段进行了有趣的七巧板、数学游戏——24点以及数学文化课程的延展。

在数学文化课程上,教师介绍数学工具的发展史。算盘,作为我国古代一种计数和计算工具,有其悠久的历史和独特的文化,在世界计数和计算史有其独特的历史位置,因此我们通过让学生上网搜集资料、调查采访等实践活动,来感受我国灿烂的数学文化。同时还将历史故事引入数学的学习中,引用"田忌赛马"的故事来解决数学问题"对策",利用课件演示对阵图,在归纳、比较的过程中,体会"最优"的数学思想。这种浓浓的"传统文化味"不仅激发学生学习数学的兴趣,更增添孩子们的民族自豪感。数学文化的另一个内容是以介绍古今中外数学家的故事为主,在进行《圆的周长》延展教学中,老师介绍祖冲之发现圆周率过程的小知识,让孩子体会祖冲之的聪明才智和顽强的毅力。

③将传统文化植入美术课程。《小学美术新课程标准》也提出:"妥善处理传统与现代、中国与外国的关系。选择美术教科书内容时,要特别重视优秀的中国传统美术与民族民间美术,弘扬优秀民族文化,体现中国特色。"折

扇、脸谱、剪纸这三种艺术表现形式饱含浓浓的中国味道,具有深厚的历史背景,我们把这三种艺术表现形式延伸为三个课程建设的平台,分别对应高、中、低学段。课程中不但有中国传统艺术技法传承,还围绕学生感兴趣的生活内容来选择课题,学习各种表现形式的基本技能,同学们通过探索和体验逐步了解造型、材料的特性,提高了学习力,通过心灵与经验的交互认识了中国传统文化与全球多元文化,从而提高了孩子们对美术信息、美术符号、美术语言的理解能力和对美术作品的欣赏能力,提高了审美能力、自主学习力。

④将传统文化植入校本课程。民族文化课程、榜样同行课程、智慧交互课程、自主实践课程构成了我校现阶段四大类校本课程。其中民族文化课程以"弘扬传统文化,构建和合校园"为主题,下设五个板块:中国传统节日、中国传统艺术、中国传统礼仪、中国国学、中国饮食文化。这些课程不仅使孩子们了解中华传统文化,感受传统文化的魅力,同时激发学生的爱国热情,弘扬民族精神,树立传统美德,也增强了孩子们的责任感、使命感、自豪感。

素拓课程是自主实践课程的内容之一。每周三下午孩子们全部走班上课,到目前为止开发出35个课程,中国结、剪纸、衍纸画、皮影戏这些传统文化课程深受孩子们的青睐,英语戏剧《花木兰》更是被孩子们演绎得惟妙惟肖。孩子们用异国的语言将民族精神、民族气概表现得淋漓尽致。英语戏剧《花木兰》荣获2017年"希望中国"青少年英语戏剧大赛视频赛全国一等奖,同时被选拔参加全国总决赛荣获全国二等奖。

⑤将传统文化植入环境建设课程。学校一楼的文化主题是"中国的骄傲",我们将中国的四大发明、中国的传统艺术、中国的园林……用各种形式将饱含中华传统文化的符号传递给孩子们,润物细无声般地让孩子感受到中华五千年灿烂文化的伟大与震撼!

作为基层教育工作者一定扛起"文化自信"这面大旗,做好文化引导、文化传递、文化传播的工作,让传统文化扎根在每一个孩子的心中,让每一个孩子都能成为传统文化的传承者与传递者!

○ 做好"幼小衔接"核心素养启蒙,让孩子有一个快乐童年

2018年8月市教委下发的《市教委关于实施小学一年级新生入学适应教育的指导意见》中明确指出:认真研究儿童少年成长的规律,认真研究教育发展的规律。遵循不同阶段儿童身心发展特点,把握儿童少年成长、成人、成才的辩证统一关系,帮助学生"扣好人生第一粒扣子",为学生综合素质的发展奠定良好的基础。因此,做好"幼小适应教育"是我们小学教育义不容辞的责任。

回顾我们学校做"幼小适应教育"实践研究工作也有三年的时间了,最初依据南开区制定的《幼小衔接教育活动方案》参加了区域性的幼小衔接工作,南开区教育局为我们与邻街南开区第二十一幼儿园建立了协作关系。每学期我校主管校长带领一年级的教师到幼儿园指导幼儿园大班教师备课;幼儿园大班小朋友每学期到我校参观校舍、参加升旗活动、进班听课等等。随着这些常态工作的有序推进,让我们越来越感受到"幼小适应教育"工作应是学校整体工作的一部分,不能与学校整体工作割裂开,应是学校要通盘考虑的问题。因此从2016年2月开始我们对我校的"幼小适应教育"工作做了认真的思考。

1.寻找"幼小适应教育"的衔接点

(1)基于《南开区幼小衔接教育活动方案》。

(2)基于我校"六力"核心素养。

(3)基于幼儿园《3—6岁儿童学习与发展指南》。认真学习并分析《指南》对幼儿在健康(身心状况、动作发展、生活习惯和生活能力)、语言(倾听与表达、阅读与书写准备)、社会(人际交往、社会适应)、科学(科学探究、数学认识)、艺术(感受与欣赏、表现与创造)五大领域的要求,找出幼小衔接教

育契合点。

（4）基于"根植附小、放眼世界"合力教育课程体系。

2.成立"幼小适应教育"工作团队

成立以校长为组长、分校区主管校长为副组长、全体一年级任课教师为成员的"幼小适应教育"工作团队。

3.规划"幼小适应教育"内容

我们从环境、课程、教育及活动做整体规划，同时在推进和实施的过程中不断完善与改进，努力做到"三个适应"。

（1）让环境适应孩子们

①打造富有童趣的校园文化。我校一年级的孩子全部安排在分校区上课，一楼和二楼的文化主题分别是"我爱我的祖国"和"我要做好孩子"，用富有童趣的语言和画面来表现爱国主义教育与好习惯养成教育的理念。设置了"我的童话世界"和"我的绘本故事"两个读书吧。开辟了"有趣的益智园"活动空间，让孩子们在课间能够放松身心、动手动脑、做自己爱做的事情。"奇妙的有声世界"让孩子们通过点读就能听到喜欢的故事、古诗、拼音、数字、英文等。

②巧设"小、趣、清"的功能空间。孩子的饮水间、卫生间、专用教室、图书馆"小巧（方便使用）、童趣（开心乐园）、清新（环境舒适）"。

我们的意图是承续幼儿园的环境文化，渗透小学特点，让孩子们在美好环境的濡染之中养成良好习惯。

（2）让课程适应孩子们

构建"根植附小、放眼世界"一年级适应教育学校课程。

①延展国家课程。

语文学科：绘本阅读——培养孩子的语言能力，重在提升孩子的人格力、学习力、交互力。

数学学科:有趣的七巧板——激发孩子学习数学的兴趣、促进思维的发散、培养动手能力,重在提升孩子的学习力。

英语学科:绘本阅读+自然拼读——培养孩子学习英语的方法与国际视野教育,重在提升孩子的学习力、自主力、交互力与全球力。

美术学科:我爱剪纸——提高孩子的审美能力,重在提升孩子的人格力与健康力。

②研发校本课程。

科学素养启蒙课程:依据学生比较感兴趣的话题,自编教材,每周一课时,配备专职科学教师,开展适合低年级儿童的探究活动。作业以观察、绘画制作、完成小实验等形式体现,培养孩子的观察、记录、比较、表达、合作能力。

果果和朋友课程:这是一个关注孩子们心理健康和适应能力的实践课程。学校从环境布置,材料的准备,课程的推进,到师资的培训,都提供了有力的保障。教师设计符合孩子成长规律的活动,孩子们很快适应了新环境,提高了交往能力、解决问题的能力,学会控制自己的情绪并准确表达自己的情感。

《习惯养成与安全教育读本》:将习惯养成和安全教育的内容编排成儿歌,通过唱读、教师示范、情景表演、角色冲突、实地演练等多种形式,将《小学生守则》《小学生日常行为规范》以及安全知识外化于孩子的行为上。

③编撰《天津师范大学南开附属小学"幼小适应教育"主题课程》。2018年8月份我校"幼小适应教育"工作团队编撰了《天津师范大学南开附属小学"幼小适应教育"主题课程》,并在开学第一周开设了此课程。此课程共分为五个部分:开启明亮的新学期——我的学校是新家(环境适应篇)、亲其师方能信其道——老师和我在一起(人际交往篇)、小学的生活真有趣——遵规守纪我能行(校园学习篇)、安全知识牢记心间——我能保护我自己(安全自

护篇)、自己的事情自己做——我的书包我整理(生活自立篇)。"幼小适应教育"主题课程让"根植附小、放眼世界"一年级适应教育学校课程更加完善。同时工作团队还对第一周的学科课程的目标及教学活动进行了深入的研讨,制定出"幼小适应教育"各学科第一周教学目标及教学活动安排。

天津师范大学南开附属小学"幼小适应教育"主题课程:

第一天:开启明亮的新学期——我的学校是新家(环境适应篇),共有四项主题活动:

a.忆一忆,回味在幼儿园时的快乐(粘贴幼儿园的照片)。

b.看一看,找到小学里的惊喜(贴小学的照片)。

c.比一比,发现自己的成长(学生幼儿园与小学时期的对比照片)。

d.画一画,制作"成长手迹"(画小手掌,写名字)。

第二天:亲其师方能信其道——老师和我在一起(人际交往篇),共有四项主题活动:

a.写一写,请让我来认识你(制作你的专属名片)。

b.我们成为好朋友(画画你的好朋友)。

c.小学老师真神奇(你印象最深的老师是谁? 为什么?)。

d.老师和我在一起(老师写一句祝福语)。

第三天:小学的生活真有趣——遵规守纪我能行(校园学习篇),共有四项主题活动:

a.议一议,下面的行为哪些是正确的,哪些是错误的。

b.说一说,我们校园里还有哪些规则需要遵守。

c.读一读,《中小学生守则》。

d.唱一唱,《校园规则拍手歌》。

第四天:安全知识牢记心间——我能保护我自己(安全自护篇),共有四项主题活动:

a.认一认,安全标识。

b.读一读,校园安全儿歌。

c.说一说,你知道的求助电话。

d.背一背,安全口诀。

第五天:自己的事情自己做——我的书包我整理(生活自理篇),共有四项主题活动:

a.读一读,《自己的事情自己做》。

b.理一理,整理我的小书包(整理诀窍)。

c.找一找,还有哪些事情我会做,每张图对应一颗星。

7—10颗星,你是个自理能力非常强的好孩子,你真棒!

4—6颗星,你还要继续努力噢!

0—3颗星,你还有很多事情要学会自己做,你要加油了!

d.写一写,快来制定你的作息时间表吧!

天津师范大学南开附属小学第一周"幼小适应教育",学科教学目标及教学活动安排。

我们提出各学科任课教师在第一周不推进教学进度,课上时间要以激发情趣、习惯培养、调动参与、做好衔接为主要任务,落实好各学科适应教育的教学目标及教学活动。

a.语文学科(6课时)。

教学目标:在阅读绘本故事中,激发学习语文的兴趣;锻炼语言表达能力;培养正确的握笔姿势和书写姿势。

活动内容:在教师指导下读绘本故事;召开"故事大会"分享你熟悉的有趣故事,并试着画下来;练习把自己的名字写漂亮。

b.数学学科(4课时)。

教学目标:通过数学游戏,激发学习数学的兴趣;培养善于思考、大胆质

159

疑的品质。

活动内容:玩数学游戏"找规律"等;"我有一双小巧手"摆一摆;自己制作有趣的数字卡片。

c.英语学科(2课时)。

教学目标:通过多种形式激发学习英语的兴趣;了解学校英语学科活动。

活动内容:通过观看高年级同学表演的,曾荣获全国英语戏剧大赛一、二等奖的英语戏剧《花木兰》《神笔马良》的视频,让孩子们了解英语戏剧,同时激发孩子们表演英语戏剧的兴趣;欣赏英文歌曲,表演英文歌曲;给自己起一个好听的英文名字;学习用英语问好,打招呼。

d.道法学科(2课时)。

教学目标:激发热爱学校、喜欢上学的情感;培养自律意识和安全意识。

教学活动:了解学校的校风、校训、学风,认识校徽、校旗;学习《校园安全儿歌》,了解里面的要求会自我保护。

e.科学学科(1课时)。

教学目标:培养热爱大自然、热爱学校的情感;通过认领树木,了解每种树木的特点。

教学活动:在老师带领下,观察校园中的植物,并了解它们;认领校园内的花草、树木。

f.美术学科(1课时)。

教学目标:激发学习美术的热情、培养想象力;培养学生喜欢学校、老师同学的情感。

教学活动:画画我们的学校、老师、同学;制作《童心筑梦绘本》把你的成长经历画成小故事,讲给小朋友。

g.音乐学科(2课时)。

教学目标:激发学习音乐的兴趣;在表演中相互熟悉、增强自信;学会唱

《国歌》和《校歌》。

教学活动:学会唱《国歌》和《校歌》;召开"小小音乐会",让孩子们唱自己喜欢的在幼儿园学到的歌曲,表演自己喜欢的舞蹈或乐器。

h.体育学科(4课时)。

教学目标:喜欢上体育课;学会排队;培养初步的团队意识。

教学活动:在老师指导下学会排队;知道排队中的要求;玩"丢沙包""贴人"等体育游戏,在游戏中学会和小朋友合作。

④开设素拓课程。在一年级还开设了相声、快板、评剧、茶艺、啦啦操、街舞、足球等25个素拓课程。

(3)让活动适应孩子们

①做好作息时间的幼小衔接。开学前三周由第一周半日课过渡到第二周下午一节课,再过渡到第三周下午两节课的正常作息;每节课中间加课间休息;语数英课程变成长短课——30分钟授课、10分钟学科活动,让孩子们循序渐进地适应小学的生活。

②做好教学活动的幼小衔接。定期与天津市南开区第二十一幼儿园的教学主管、大班教师开展教学互动教研,把握"问题即研究的课题"的教研方式。对"问题"进行追根溯源,找到症结调整双方的教育教学策略。一年级孩子注意力集中时间短,这就要求教师将媒体手段、游戏、情景模拟、竞赛、儿歌、讲故事、角色扮演等形式融入教学活动中来,通过视觉冲击、体验、感悟达成教学目标。同时我们还与天津市南开区第一幼儿园建立了"幼小衔接"联盟体,每学期都定期开展"走进你们的课堂,寻找我们的问题"的课堂研讨活动,这样的教研活动破解了很多令双方教师头疼的问题。

③做好教育活动的幼小衔接。"我是光荣的小学生"开学典礼、"我爱我的老师"主题升旗仪式、"我向国旗敬礼"实践活动、"假如我是……"的职业体验、"爱祖国,唱附小,快乐成长"班级合唱展演、"快乐的小学生活"书画成

果展、每日晨读国学经典和英语歌谣传唱。午饭时间在老师的指导下自己铺桌布、从饭箱里取送饭盒。以师大附小"榜样精神伴我行"传统教育为载体,将活动与评价相结合:设计适应教育观察表、建立成长记录袋、设立文明监督岗位、评选榜样班级和学生……激发孩子们对小学学习生活的兴趣与热爱。

④做好家庭教育的幼小衔接。召开适应教育家长会、成立班、校两级家委会、进行"知心姐姐"家长学校全员培训、开展适应教育开放日活动。

"幼小适应教育"是新话题,也是永恒的话题。唱好"幼小衔接"核心素养启蒙篇,让孩子有一个快乐童年,是未来我们不断追求的目标!

○ 以"六力"核心素养为目标,培养学生科学精神

教育部颁发的《关于全面深化课程改革落实立德树人根本任务的意见》明确提出,研究制订学生发展核心素养体系和学业质量标准,修订课程方案和课程标准等内容。因此,遵循学生身心发展规律与教育规律,以学生核心素养为目标实施课程建设,培养学生的科学精神,培养全面发展的人才,是我校对立德树人根本任务的理解与实践。

1.明确"合力教育"育人目标,突出"六力"核心素养

我校以"关爱生命,关注成长"的理念为基础,明确了学校"合力教育"目标。"六力"核心素养,是我们对《中国学生发展核心素养》的校本化的表述,指向学生的全面发展,是学生在处理与自己、他人、社会关系中的必备能力和品质。"六力"表明了我们重视能力、品质的实践养成,注重能力品质的自我转化与迁移运用。在这个开放的时代,我们希望我们的学生能够立足师大附小,放眼世界,做具有国际视野、天下情怀、有创新精神与创新思维的现代中国人。

2.落实课标,创建优质科学课堂

《义务教育小学科学课程标准》中明确指出:小学科学课程要按照立德树

人的要求培养小学生的科学素养,为他们的继续学习和终身发展打好基础。小学科学课程是一门基础性、实践性、综合性的课程。科学课程与多个学科领域知识相互渗透和联系整合,科学学习能丰富其他学科的内容,也为初中理科课程学习打下基础。这与我校的学生"六力"素养培养目标相一致。

在日常课堂教学中,教师深挖教材,设计安排丰富多彩的探究活动。以三年级为例,为学生准备花的种子和蚕卵,展开种植饲养活动,同时将观察延展到课后和家庭,调动家长的参与,让孩子收获成功的喜悦。

另外,教师十分注重学科知识的积累与延展,经常带领孩子们阅读科普书籍、浏览科普网站。如在宇宙的认识教学中,教师就补充中国航天发展史,增强学生的民族自豪感。在生物多样性的研究教学中,教师就找一些科普电影让学生直观了解野生动物的生存现状,增强学生保护自然的决心。

3.科学学科课程建设,培养学生科学素养

(1)科学启蒙,播撒科学的种子

2016年3月我校在一二年级开设了"科学启蒙大讲堂",选择了孩子们感兴趣的植物和鸟类作为研究主题,孩子们对大自然产生了浓厚的兴趣,回家认真完成趣味观察作业。

2016年9月我们将其完善为"科学素养启蒙课"并纳入学校课程:

①关于师资,专职教师授课,写入教学计划,纳入学校课程管理。

②关于内容,依据学生比较感兴趣的专题,精选内容,自编教材。

③关于时间,利用托管课时间,一、二年级每周开设一课时。

④关于方法,课上开展适合低年级儿童的探究活动,培养孩子的观察、记录、比较、表达、合作能力。

⑤关于作业,以观察、绘画制作、完成小实验等形式体现。

(2)学科整合,让学习变得有滋有味

语文教师根据文本需要选取科普知识点,科学教师进行素材搜集和资料整理,制作成视频或动画幻灯片,并附以文字说明,让学生更加直观、科学了解课文内容,达到辅助语文教学的目的。每学期要添加与修改、不断完善,形成电子资源库。同时科学教师还配合语文教师共同指导学生书写观察日记、观察报告,培养观察、表达与写作的能力。如四年级学习《火烧云》,开展天气的观察、云的观察;五年级学习《地震中的父与子》后进行地震避险的安全教育,让学生掌握地震逃生的正确方法;六年级学习《只有一个地球》后让学生进行生物分布情况调查和水资源调查,培养学生热爱自然、热爱家乡的情怀。新学期我们又将科学与英语学科进行融合教学实践,"Light Up Science"是新课程的名字。

4.围绕"六力",制作科学素养大餐

(1)营造科技文化氛围

我校新建了无土栽培阳光房、"菌子之心"菌类实验室;四楼的学校文化主题是"沐浴科技、放飞梦想",分为科学档案、发现与探索、生化物数探究试验台三个区域,这些构成了学校的主题楼廊文化。

(2)设立小问号乐园,探索求知

提出科学的问题是一切探究的基础。为了培养学生观察能力、探究精神,敢于提出问题、解决问题的能力,我们在教学楼内设置了两个小问号乐园。

学生提出身边出现的不懂的科学问题,贴在小问号乐园中。我们采取师生互答、生生共答、跨界回答的方式,引发全校师生的问题意识与探究精神。科学老师每周进行整理,订正答案;学校每月公布部分问题的答案并及时普及科学知识;科技周对"问题小达人"进行表彰。"看问题,答问题,讨论问题"成为我校一道亮丽的风景线。

(3)"科技周"点燃孩子心中的科技之光

每学期的科技周活动都精心设计不同年龄段的活动。低年级开展科普知识微论坛、纸飞机飞行大赛;中年级开展"废物大变身"创意论坛、"变废为宝"飞机轮船模型制作;高年级开展"天文知识我知道"学生讲堂、"祖国航天成就"展。并带领孩子们到天津大学、南开大学、天津师范大学的国家级实验室参观、体验。请科学家进校园开展"我与科学家零距离对话"活动。

（4）让科学精神常在

学校不断加强对学生科技创新能力和动手实践能力的培养,目前开设了科技制作、乐高机器人、无人飞机、科学实践活动等素拓实践课程,开展了科技模型制作、风向测定、科技创意、奇迹创意解密等活动。通过努力,学校2015年获天津市青少年科技创意设计竞赛南开区选拔赛优秀组织奖;2016年获南开区第三十一届青少年科技创新大赛优秀组织奖、南开区中小学科技模型制作大赛优秀组织奖;9人次学生参加市区科技创新大赛和科技模型大赛获奖,两位老师多次被评为市、区级优秀科技辅导员称号;机器人实践课程组的刘梓轩、史泽煜两位同学荣获天津市第十七届青少年机器人竞赛机器人创意项目一等奖。我校录制的网络课程《一年级科学启蒙》,被中国教育学会遴选为优秀课程。

5. 展望未来,信心满怀

以科研课题引领学校科技工作,让科技工作高位发展。初步实践创客教育,为培养复合型人才奠定基础。

创客的英文表达是"Maker",是指出于兴趣与爱好,努力把各种创意转变为现实的人。创客教育就是集创新教育、体验教育、项目学习等思想为一体的教育。因此我们的创意制作、脸谱创作、面塑制作、折扇制作等实践课程是否符合创客教育的理念,后面我们将建立"创客空间",为孩子实现创新梦想助力起航。

"持之以恒"是我们对未来科技工作的信念和态度。因为师大附小有一个名叫"科学家"的微信群,这就是我们的科技、科学教师团队,他们不仅"一专"而且还"多能"。我们深信只要坚持不懈,必将能使"科技之花"盛开在师大附小!

○ **构建品质德育课程,扣好学生"第一粒扣子"**

"立德树人"的根本任务如何实现?"核心素养"如何落地? 在长期探索与实践中,我们逐步确立并形成了"六力"德育课程。

1."六力"德育课程发展背景

为实现"德智双全、身心两健"的育人目标,凝练了"六力"核心素养标准,在学校"根植附小、放眼世界"的合力教育课程体系下,构建"六力"德育课程框架。

2."六力"德育课程目标

人格力、学习力、健康力、自主力、交互力、全球力是我们对《中国学生发展核心素养》校本化的表达。"六力"核心素养目标既是我校的育人目标落地的载体,也是我校德育课程的建设目标。

3."六力"德育课程内容

民族文化课程、榜样同行课程、智慧交互课程、自主实践课程构成了我校"六力"德育课程。

(1)民族文化课程

以"弘扬传统文化,构建和合校园"为主题,下设中国传统节日、中国传统艺术、中国传统礼仪、中国国学、中国饮食文化五大板块。

"亲子做月饼,写诗话中秋""浓浓端午情,粽香满校园""我们的节日重阳"都是中国传统节日课程的内容,让孩子们明白中国人要过中国节,传承美德、弘扬中国文化。同时挖掘本校优秀师资,聘请非遗传承人指导,开设了版画、剪纸等中国传统艺术课程,学生的作品或印制成册,或装扮校园,增强了孩子们的民族自豪感。茶文化和书法课程让孩子们了解中华传统礼仪,理解国学的意义。我们还积极推进中华传统艺术进校园,成立民乐、相声、快板、京剧、评剧等社团,让学生感受中华传统艺术的魅力。

（2）榜样同行课程

在"附小榜样伴我行"传统活动基础上,结合南开区"以周恩来为人生楷模"主题教育,形成了"楷模精神伴我行"榜样同行课程。

以"多彩十二个月润童心"系列活动为载体,致力于学生良好习惯养成教育,让榜样精神落于实处。"好习惯养成月"我们推出"招手、微笑、问好"三张名片,开展"我是榜样,我为师大附小代言,争做微笑大使"主题教育活动,评选附小文明学子、微笑大使,同时设立各级文明监督岗,实行自我管理;"以周恩来为人生楷模,做文明附小学子"楷模精神践行月,学楷模、讲楷模、做楷模,争创周恩来班和南开学子已形成常态;"传家风,诵美德,五福迎'新'"传统文化教育月,让孩子们表达爱国情、爱校情、爱家情;雷锋精神宣传月,通过唱雷锋歌曲、讲雷锋故事、学雷锋精神、激励附小学子不断前行;"寻找最美丽的劳动者"劳动实践月,让"爱劳动"美德教育扎根在孩子心中;"童心向党""带着国旗去旅行"爱国实践月,孩子们用童心来感受祖国的繁荣与富强;"法制宣传教育月""消防安全月""心理健康月",让孩子们学法、知法、懂法、守法,树立安全意识,学会自护自救,身心健康成长。同时还创新活动载体,推出互联网+活动新模式:"老师,我想对您说"祝福征集、"向国旗敬礼"网上签名、"感恩节,大声说出谢谢你"网上留言、"好家风,我传承"网上分享等活动,引导学生做有志向、有梦想、有大爱的美德少年。

（3）智慧交互课程

"六力"筑梦生涯启蒙课程是其中一个课程,孩子们通过参与实践、自我设计完成《生涯启蒙活动手册》中的主题活动,并将所学、所感、所获绘制成《童心筑梦——我的绘本故事画册》,述说他们的成长故事,表达他们对生命发展的理解。

（4）自主实践课程

素质实践课程、缤纷实践活动,构成了我校的自主实践课程。孩子们走出校园走进博物馆、实验室、爱国主义教育基地;志愿服务小队深入社区、敬老院、福利院等开展活动,孩子们实现了在体验中成长。

4."六力"德育课程管理

以一单、一册、一课题、一护照为载体,对学生进行过程与结果并重的多元评价。制定了《德育课程实施方案》《德育校本课程实施纲要》让德育课程实施有章可循。

5."六力"德育课程,厚植学生素养

"天津好人"附小学子榜上有名;3名同学连续荣获南开区十佳美德少年;孩子们表演的英语戏剧《花木兰》《神笔马良》连续两届获得全国金奖;中华传统瑰宝"皮影戏"被孩子们演绎得活灵活现;南开学子、十佳少年、足球小子、篮球小健将、艺术体操小花、剪纸小巧手、快板相声小达人等等,每个孩子身上都有德育课程的烙印!

2016年9月在天津市德育课程研讨会上我校做典型发言,得到与会领导充分肯定。三年来学校先后荣获全国最美书屋、天津市最美校园、天津市文明学校、天津市心理健康特色学校、绿色学校、中华艺术传承学校等多项集体荣誉。

今后,我们将不断提升德育课程品质,为实现扣好人生"第一粒扣子"的目标,砥砺前行!

○ **努力创建文明校园——在"育人"上做足有用功**

我校在"创建文明校园"工作中紧紧围绕"立德树人"根本任务和我校"六力"核心素养培养目标,在"育人"上做足"有用功",发挥育人最大功能,取得实在的育人效果,努力把学校建成弘扬社会主义核心价值观、传承中华传统美德的教育场。

1.精神育人——让校园充满正能量

学校精神是一所学校发展的灵魂,是学校共同的价值观、价值判断和价值取向。多年来，我校在"关爱生命、关注成长"办学理念的引领下，逐步形成"爱我附小、拼搏进取、合力育人、追求卓越"的学校精神。实践证明，它潜移默化地影响着师大附小师生思想和行为，已成为全体师生行为准则和道德规范。

2.教书育人——塑德业双馨的团队

"品德、品质、品位"是教师专业发展的根基。基于校情，提出五支队伍建设目标：党员队伍——一名党员，一面旗帜；干部队伍——信念坚定、率先垂范；名师队伍——德业双馨、辐射引领；男教师队伍——困难面前我不让；80后青年教师队伍——勇于争先，敢于担当。

为使队伍建设目标落地，我们多措并举，营造正风正气，增强教师的责任感和使命感，涌现出以潘丽娟、叶慧为代表的党员教师。他们虽已近知天命之年，仍然以对教育事业抱以极大的热情，带领老师们积极投入学校的课程改革中，成为教育教学的领头人。80后青年教师张晓蕊为了学校的工作放弃婚假，成为学校传颂的一段佳话。男教师团队总是在关键时刻冲在前，助力学校发展……正是因为有这么一支敬业爱岗、勇于奉献、敢打硬仗、德业双馨的教师团队，我们的校园因此而越来越美丽！也正是因为有他们，学校的未来会更加亮彩夺目！

3.活动育人——涵养精神、培养习惯

以"多彩十二个月润童心"系列活动为载体，让"立德树人"落于实处。

"传家风，颂美德，五福迎'新'"开学第一课，用中国人最喜闻乐见的方式表达了孩子们的爱国情、爱校情、爱家情；"童心向党"红歌联唱、"带着国旗去旅行"实践活动，孩子们用童心来感受伟大祖国的繁荣与强大；"劳动最光荣"劳动节，让中华传统美德教育扎根在孩子心中；雷锋精神伴我成长，通过唱雷锋歌曲，讲雷锋故事，学雷锋精神，做雷锋式少年，让榜样精神激励附小学子不断前行；"温暖你我，阳光同行"心育节，通过挂心愿卡、诉说心里话,放飞孩子们的心愿……多彩的十二个月让孩子们的自信心越来越强大、视野越来越宽阔、好习惯在活动的浸润中养成,让孩子的精神得到涵养,孩子们用自己的方式来诠释并践行社会主义核心价值观。

4.阵地育人——着力立德益智

(1)课程阵地,健全学生的人格

①民族文化课程——弘扬民族精神,传承美德。以"弘扬传统文化,构建和合校园"为主题,下设传统节日、传统艺术、传统礼仪、国学、中国饮食文化等板块,让学生了解中华文化,弘扬民族精神,传承传统美德。

②多元化实践课程——提升学生的综合素养。包括书法、剪纸、乐高机器人等35个实践课程,每周三下午全部走班,选择自己喜欢的课程不再成为孩子们的一种奢望,孩子们沉浸在自己喜欢的课程中身心愉悦,综合素养自然得到全面提升。

③缤纷实践活动——在体验中成长。带领孩子们走出学校,走进博物馆、爱国主义教育基地、天津的名胜,让孩子们感受祖国名胜的伟大、传统文化的博大精深、国家强大的震撼。纪念长征80周年——永远在路上展览、家风展、自然博物馆、科技馆、职业体验中心、采摘基地、文化街、海洋馆、老人院都留下孩子们的身影。

(2)互联网+活动阵地,创新自我教育模式

我校巧用重要时间节点,借助德育课程、升国旗仪式、少先队活动、主题教育等契机,充分发挥微信公众平台这一新媒体,开展具有学校特色的主题教育活动,引导孩子自省、自悟、自我完善,做有志向、有梦想、有大爱的美德少年。

5.文化环境育人——留下"文化的烙印"

"合力教育"是我校的办学特色,旨在培养全面发展的人。

6.展望未来——让师大附小芳香盈路

文明校园创建的未来之路任重而道远,我们还要继续将创建文明校园

与创办南开新优质教育、青少年健康成长深度融合,建立师大附小文明校园建设长效机制,彰显我校"创文"的特色与优势。作为教育路上的行者,让我们不忘初心、为实现"文明校园"这一奋斗目标继续前行,让师大附小芳香盈路!

○ **有感"时光寄语计划,写给未来儿女的一封信"**

在夏风先生的邀请下,我校与全国各地的孩子们共同开展"时光寄语计划,写给未来儿女的一封信"活动。孩子们在最初听到活动要求时觉得很新奇甚至是不可思议,有的小朋友竟然说出了"老师,我不想要孩子啊!"这样稚嫩的话语。但是随着一张张信纸的传递,伴随着老师的写信导语:"孩子们,你们的父母对你们的成长都有期许,那你们对自己的未来儿女是不是也有期许,那就给自己未来的儿女写一封信吧!"短短的40分钟,一行行饱含着稚嫩、善良、感动的文字跃然纸上,让我们感受到每个孩子,成长过程中的苦与乐以及成长的感悟!

有的小朋友写道:"亲爱的宝贝,希望你们可以快乐成长,体会这个世界的美好,没有忧愁,只有开心。"还有的小朋友写道:"世上钱不是最重要的,重要的是爱和做人的道理。"还有的小朋友写道:"在我像你这么大的时候,我为了足球牺牲了许多,比如我一放学就要跑到足球场上踢足球,别人可以回家写作业;别人在学校上课时,我就要去打比赛。所以,孩子请记住,有付出,才有回报!"有的小朋友写道:"你要孝敬你的姥姥姥爷,也就是我的爸爸妈妈,我也会孝敬他们,为你做一个好榜样。"……从字里行间中我们真正感悟到了孩子们对自己未来的人生是有设想和规划的,如果我们因势利导,是多么好的教育方式啊!

孩子们写的信也成为老师们那几天茶余饭后的热议话题,我们真的被这些孩子感动了。这一封封的信让我们走进了孩子的心灵世界,让我们对孩子们有了更清晰的认识。接下来我们又因势利导,想这一封封的信件也是对家长最好的教育素材,我们的家长关注孩子的学习、关注孩子的身体,但是他们关注孩子们的内心世界了吗? 带着这样的疑问,我们召开了一场别开生面的家长会。

班主任下发孩子们的信件,家长们阅读后给自己的儿女回复一封信,家长的字里行间流露出的是欣慰、惊喜与感动! 有的家长写道:"这是妈妈第一次给你写信,拿起笔的一瞬间你成长过程的点点滴滴浮现在眼前,突然让我觉得百感交集,无从下笔。"还有的家长写道,"亲爱的宝贝你好,很高兴能以这种方式与你说说心里话,平日我总是对你唠叨个没完没了,可真正要写却不知从何说起了。其实在爸爸妈妈心里你一直都是一个好孩子,你懂得感恩,尊敬长辈,待人谦让和礼貌。"……

我们想"时光寄语计划,写给未来儿女的一封信"不仅仅是一封封的书信,更是连接家、校、孩子的一条彩色的纽带,这条彩带让我们的家庭教育更有针对性,让我们的学校教育更具有生命的活力!

○ **做少年儿童的坚定守护者**

要努力做孩子们心灵的守护者——用"师爱"温暖、柔美、坚定孩子们的心灵,让未来的他们"爱与责任"并存;

要努力做孩子们知识的守护者——用"知识"丰盈、富足、强大孩子们的精神,让未来的他们"德才兼备";

要努力做孩子们理想信念的坚定守护者——用"信念"规范、鼓励、引领孩子们行动,让未来的他们"有家国情怀":

要努力做孩子们健康的坚定守护者——用"习惯"规矩、引导、塑造孩子们的健康体魄,让未来的他们"用健康的体魄扛起保家卫国的重任"。

第三辑　思想之花

我们的生活就像旅行，思想是向导。没有方向，一切都会停止，目标会丧失，力量也会化为乌有。为此，我喜欢将自己育人旅程中所思所学所悟与师生们进行沟通，希望那些星星点点的思想荧光能够相互碰撞，迸溅无数火花。

随笔放送

◎ 借力

朋友给我讲了一个有趣的事。她的家乡盛产核桃,每年秋末冬初,成群的乌鸦总会来到这里,到果园捡拾那些被果农们遗落的核桃。

核桃仁虽然味美,但是外壳十分坚硬,乌鸦怎么才能吃到呢?

经过一段时间的观察,她发现了乌鸦的聪明之处:乌鸦先把核桃叼起,然后飞到高高的树枝上,再将核桃摔下去。核桃落到坚硬的地面上,被摔破了,于是乌鸦就得到了那美味的核桃仁。

可是,核桃从高空坠落,核桃壳破裂的概率很低,很多时候,乌鸦只能望洋兴叹。然而,失败并没有难倒乌鸦。不久,它们又发现了一种更有效的方法:村子附近有一条环山公路,过往的车辆很多。乌鸦把核桃摔在公路上,车轮很轻松地轧碎了核桃。于是乌鸦等车子过去后,迅速落地品尝美食。

哇!好聪明的乌鸦!乌鸦借力的智慧,给了我很大的启发。今年学校由"南江小学"更名为"天津师范大学南开附属小学"。更名后,如何把师大南开附小办成在天津市乃至全国范围内的一所优质学校,仅靠全体教职工的努力和付出是远远不够的。我们应该充分利用师大得天独厚的教育资源,借力发力,在教育事业上干出一番成就。我们还要有"钩子"精神,把各地优质学校的课改经验,新鲜思想,创新成果"钩"过来,并用"锤子"精神执行下去,"钉子"精神钻研到底。

借力不仅是成功的谋略,也是成大事者必备的能力。借不是靠,不是依赖! 我们必须发扬自力更生的精神,具备高度责任感,充分发挥每个人的聪明才智,大胆实践,勇于创新。

借力是一种奋斗,也是一种人生智慧。只要我们敢借、会借、善借,就一定能借出一片新天地。

(写于2015年9月25日)

◎ 做自由的阅读者

没有功利的读书令我愉快,我为自己读书,为心灵读书,自由自在,十分惬意。

我读书的内容大致可以分为五种类型,开阔视野类、提高能力类、增强智慧类、营养灵魂类、积累底蕴类。这样分类对读书是大有益处的。

我读书的方式大致有三种。一是"拜读",世界上有些书非"拜"不能读,没有虔诚的敬意就很难读懂这些书。怀着"拜读"的心阅读的书可丰富精神世界,精神丰富了就如同心底里有一片阳光。二是"闲读",凭兴趣读自己喜欢的书,哪怕是休闲的书。读一本书就是经历一次别样的人生,书读得多就可以拥有多种经历,这等于丰富和延长了自己的生命。读书如读人,探访许许多多优秀的灵魂,与各式各样的智士对话,提升自己。三是"苦读",世界上有些书是爱不起来的,但非读不可,看不懂也要坚持读,苦中求乐,便是甜了。这甜源于我的坚持,由看不懂到懂了,这就是乐趣呀! 老舍喜欢养花,他总结养花的乐趣是有喜有忧,有笑有泪,有花有果,有香有色。我特别喜欢这句话,因为读书也是如此,是读书让我收获无限。读书让我长智,有助于我重新审视我的工作;读书让我有梦想,教育事业本来就是一个助长梦想的事业。我每走一步,向梦想前进一步,都会设法去掉一些功利目的。人一旦功利心太强，往往就会成为一种工具。

因为读书，我的生活多了许多趣味；因为读书，我变得宽容；因为读书，我有丰满的感情，也能更好地启发我身边的人，更善于与人沟通。

我真诚地感谢作家们写了这么多好书！

（写于2016年3月25日）

◎ 有魅力的非制度文化

有一位教育家说过："教师办公室的文化决定着学校的命运。"这话很有道理。一次，我路过学校高年级组办公室，听见了激烈的争吵声。我立即推门进去，六年级的一位语文老师见了我连忙说："校长，我们正在讨论这个缩句对不对呢！"我参与了她们的讨论，最终得出了正确的结论。通过此事，我发现了一种文化——"聊文化"。办公室是老师工作时间的活动场所，在这里，他们讨论着自己工作中、教学中的问题。他们在聊的过程中，分享彼此的喜与忧，以求得同伴的理解与安慰。其实他们也时常在这种聊天中获得幸福，增进友谊。我深深地理解了教师办公室文化决定着学校命运的含义。为此，我经常对这种以办公室为单位的"聊文化"进行表扬，鼓励大家更多交流。

古人云："感人心者，莫先乎情。"为教师这个特殊群体，营造一种非说教的、生动形象的教育文化情景，有时可以达到非凡的效果。每次开教师会，我都会精心选一个小故事开场。一次开学欢迎新教师会上，我给老师们讲了一个关于《瞎子背瘸子》的故事。

一个瘸子在马路上偶然遇见了一个瞎子，只见瞎子正满怀希望地期待着有人带他行走。"嘿！"瘸子说，"一起走好吗？我也是一个有困难的人，也不能独自行走。你看上去身材魁梧，力气一定很大！你背着我，这样我就可以给你指路了。你坚实的腿脚就是我的腿脚，我明亮的眼睛也就成了你的眼睛了。"于是,瘸子将拐杖握在手里,趴在了瞎子那宽阔的肩膀上。两个人步调一致,获得了一人不能实现的效果。

听完故事,老师们有所启发:你不具备别人所具有的优势,而别人又缺少你所具有的长处,只有互相帮助,才能共同前进。然后,我播放歌曲《世界需要热心肠》。第一遍,我让老师们专心倾听,感受音乐的美;第二遍,我提醒老师们关注歌词,为的是让大家从中受到启发。歌词中"一个篱笆三个桩,一个好汉三个帮……为了大家都幸福,世界需要热心肠。"全体老师站起来,情不自禁地唱起来,新教师老教师无不为之感动。今天"团结互助"的种子播下了,我很激动。

(写于2016年9月29日)

◎ 月饼的寄托

又到一年中秋时,赏明月、品月饼,月圆人也圆。和家人相聚的好时光,我不禁想起唐朝诗人王建的诗《十五夜望月寄杜郎中》来:"中庭地白树栖鸦,冷露无声湿桂花。今夜月明人尽望,不知秋思落谁家。"其诗意是夜深了,清冷的秋露悄悄地打湿庭中的桂花。今夜,明月当空,人们都在赏月,不知那茫茫的秋思落在谁家?看来中秋赏月,吃月饼除了思念亲人以外,还应从中悟出点儿什么来,比如情怀、敬畏和向往,这样才不算辜负佳节和美食吧!

月饼当然是有情怀的。过去我的父母在中秋前夕,常常给远在他乡的亲友寄月饼,不是因为他们缺少这点儿食物,而是这月饼里有我们父母对亲情的牵挂。这月饼馅也包罗万象:五仁、莲蓉、枣泥、蛋黄、豆沙……每个地方都有各自的口味,每一家都在自己的月饼里包进了浓浓的亲情。

月饼是需要敬畏的。据说,最初的月饼是用来祭祀月亮的贡品,对月亮的崇拜表现了我们先祖对自然的敬畏。中秋时节,正是大自然馈赠人类的时候。对农耕的人来说,农林渔牧的各类产品都到了集中收获的时节。人们敬畏自然的法则,感恩自然的恩赐,月饼便成了最好的载体。

月饼是后代们对吉祥和团圆的向往。金秋时节,秋高气爽,"长风万里送秋雁,对此可以酣高楼。"空气里充满了甜丝丝的果香味道,但似乎还缺少点儿什么。直到中秋来了,月亮圆了,月饼来了,整个人间似乎到了一年之中最圆满的时刻。明月何时随我意,最是月饼寄团圆。也难怪,它如果不被称为月饼,还有什么意思? 谁会对一盒点心念念不忘呢?

这就是我们中华民族博大的精神文化,月饼文化只是其中的一个小点儿。小小的月饼寄托着厚重的文化,了不起!

（写于2017年9月13日）

◎　立德当笃行

有位学者说:"人是唯一有价值观的动物","德"就是价值观。他是这样理解中国的这个"德"字:中间有一个大眼睛,下面是一个心脏,左边是一个人在行走,最上面的一横一竖代表正。目正、行正、心正,就是德。从这个"德"字来看的话,眼睛代表有理想,看得远;行走代表有本领,去行动;心代表的是有担当,心怀祖国。

作为一个教育人,我一直琢磨着如何才能落实"有理想,有本领,有担当"这9个字呢? 首先从自身做起,修身养性强调"内功",注重"内正其心"的功夫。但道德修养不能停留在内心层面,更重要的是在现实生活中"笃行之"。

孔夫子倡导"见贤思齐焉,见不贤而内自省也",但仅有"思"和"省"的话,只能认识到自己和"贤"的差距以及"不贤"之不可取。这虽是修身立德的前提,却不能视为结果。知行当合一,"见贤思齐"的"见",须落实在一个"为"字上,即努力表现为对"贤"的追赶;"见不贤而内省"的"省",须尽量落实在"不为"上，也就是引以为戒。否则，所谓的"思齐"和"自省"皆无补于事。"博学、审问、慎思、明辨、笃行。"在道德实践上离开了"笃行"，不是"伪君子"，就是"客里空"。

荀子曰："不闻不若闻之，闻之不若见之，见之不若知之，知之不若行之。学至于行之而止矣。"修身立德，提高素养，重在身体力行。

（写于2018年6月12日）

◎ 不惧一时的落后

前几天8岁女孩儿马子惠在短道速滑比赛的起跑线上摔倒后，爬起来继续完成比赛，并成功反超最终夺得冠军的事件引起无数人的"点赞"。输在起跑线上的马子惠却赢在了终点，而且这还是在短道速滑比赛上，的确难能可贵。当时我看了视频，很是震撼！这个震撼不仅是为了她夺得冠军，而是被她这种即使落后也要奋力一搏的拼搏精神感动。

在马子惠本人看来很正常的一件事，居然引发了全网"点赞"，我想这跟国人的"起跑线焦虑"有很大的关系。现在的家长都担心自己的孩子会输在起跑线上，因此从幼童起就让孩子学这学那，上这个辅导班，上那个培训班。到了小学，孩子更是苦不堪言。白天学校的课上完，晚上还得上课，双休日安排得满满当当。这样肆意剥夺孩子的童年，其恶果便是他们过早就产生厌学的心理，得不偿失。事实上，人的成长是马拉松，不是百米冲刺，在起跑线上或者中途暂时的落后并不那么可怕。有些人赢在起点，却往往输在终点，甚至是半路上。

人生其实就是一个赛道，并不是所有的人都是在同一条起跑线上出发的，每个人能达到的终点也并不相同。每个人所能做的，就是尽自己最大的努力，去达到属于自己的终点。正因如此，在人生的赛道上，一时的落后并不可怕，因为落后而放弃努力，才是真正的问题所在。

从马子惠身上，我们也再一次看到了体育运动的魅力所在。现在，我们国家非常重视中小学的体育工作。我们教育工作者的责任就是要让体育充分发挥育人的作用，让学生在体育运动中培养拼搏精神、团队精神，提高心理素质。

人生不如意十之八九，在一个人成长的过程中，经常会遇到挫折，会碰到各种各样的困难。因此，教会孩子如何正确面对人生成长过程中的那些坎儿，面对困难不气馁、不放弃，是我们每个教育工作者神圣的责任。

我坚信马子惠的教练，对马子惠的教育训练，肯定特别关注孩子的不怕困难、不放弃的精神培育，为马子惠的教练点赞。

（写于2020年11月28日）

◎ 诗心与匠心

工匠精神是时代精神的生动体现，折射着各行各业一线劳动者的精神风貌，为各个专业领域的发展不断注入精神动力。

大力弘扬工匠精神，需要有执着、专注和情怀。就教育而言，老师要适应各种变化，创造诸多可能，匠心独运，让教育达到一种审美境界。所以，师者，当怀一颗匠心，用最初的心，做永远的事，始末如一，初心不改。

但教育毕竟不是生产产品，教师面对的是有血有肉，朝气蓬勃可爱的孩子，因此教师应先有诗心，再有匠心。著名教育家马卡连柯在他的代表作《教育诗》里说："教育是像诗一样美好的科学，尤其是教育新人的过程，更如同诗歌创作一样，其间充满着艰难困苦的探索，同时也极富浪漫传奇的色彩"。试想一个教师若没有诗心，便难以萌发美好的教育理想；若没有匠心，美好的教育理想多半流于空想，唯有实现两者的完美融会，才能实现教育的尽善尽美。

诗心是"致广大"，匠心是"尽精微"；

诗心是"向美而生",匠心是"落地生根";

诗心是为了"提升境界",匠心是为了"印证境界";

诗心是"仰望星空",匠心是"脚踏实地"。

用心者成。师者,当有一半诗心,一半匠心,以诗心和匠心做双翼,在教育的大地上飞翔。

（写于2020年11月30日）

◎ 使命与责任

我有幸作为中国少年先锋队天津市第八次代表大会代表与会。作为曾经的少先队辅导员,我倍感自豪;作为新时代的少先队工作者,也倍感责任与使命。今后,我要努力做少先队员远大理想的引领者,引领少先队员将理想信念与祖国、人民同命运共呼吸,引导少先队员怀有家国情怀,听党的话,跟党走,扣好人生第一粒扣子,为实现中华民族伟大复兴中国梦时刻准备着。我要努力做少先队员传承红色基因的传播者,引导少新队员"学四史,知使命",加深少先队员"党是先锋队、团是突击队、少先队是预备队"血脉关系的认识,引导少先队员从小学先锋,长大当先锋。我要努力做少先队员全面发展的守护者,创新少先队活动形式,让实践育人落在实处,增强少先队组织的感召力,提升少先队员的主人翁意识,引导少先队员努力做"德智体美劳"全面发展的新时代好队员。我要努力做少先队辅导员的培养者,让更多热爱少先队工作的优秀人才成为少先队辅导员的中坚力量。

（2020年12月6日参加中国少年先锋队天津市第八次代表大会讨论发言）

◎ 我的关键词

2020年的领导干部述职如期而至。述职,让我们每一个管理者对自己一年来的工作做一个认真的反思和梳理,也对自己事业的关键词做一个客观的评价和补充。每个人的词典中都会有独属于个人的关键词,对我而言则是:忠诚、思考、行动、无畏、创新、服务和团结。

忠诚。永远忠诚于党的教育事业,忠诚一辈子,奉献一辈子,以自己的实际行动教书育人,让生命与使命同行。

思考。古人云:"学而不思则罔,思而不学则殆。"思考应是教育的天职,我们总是在不断解决新的问题中有所前进,有所创造。对学校的"合力教育""六力"核心素养,内驱状态,我会深思;对课程改革的推进,我会沉思;对自己在管理中出现的问题,我会反思。

行动。发现问题,我要及时采取行动。走进课堂,以一个教师的身份承担英语教学任务。课程改革、上研究课,我会主动参与到每个研究环节中。今年面对特殊情况我和班子积极行动,制定学校实施方案,落实线上教学的每个环节,完成"停课不停学,学习不延期"的任务,向社会交了一份满意的答卷。

无畏。在推进工作的进程中,不管遇到什么困难和挑战,我都会以百折不挠的精神去面对。学校的课程建设是落实立德树人的最好载体,我们克服困难,砥砺前进,以肯于否定自我的精神,一次又一次去修改,调整方案,一次又一次去实践。

创新。创新是民族进步的灵魂,是国家兴旺发达的不竭动力。我和全体教师一心为解放孩子的头脑和双手双脚改革和创新,让他们在学到知识的同时,又体验到学习的内在快乐,进而做到有理想、有本领、有担当。

服务。管理就是为学生、为教师的成长服务,为教师变化的需求服务,为家长们的合理需求服务,为社会服务,为教学一线服务,为教师的幸福感服务。

团结。人心齐、泰山移。我与干部之间、教师之间相互尊重、相互理解、荣辱与共,营造了"团结、专注、自控力强"的文化氛围,形成上下一心,共谋学校发展的局面。

（写于 2020 年 12 月 31 日）

◎ 做中华优秀传统文化的传播者

教育部印发的《中华优秀传统文化进中小学课程教材指南》,明确了中华优秀传统文化进中小学课程教材的基本原则、总体目标、主题内容、载体形式、学段要求、学科安排等内容。在具体落实中强化了"三个引领"。

首先,强化价值引领。价值引领是开展中小学中华优秀文化教育的"根"与"魂"。文化是一个国家、一个民族的血脉,体现着一个国家和人民的价值取向、道德规范、思想风貌及行为特征。中华优秀传统文化进中小学课程教材就是要厚植中华文化底蕴、涵养家国情怀、增强社会关爱、提升人格修养、筑牢中华民族共同意识、坚定学生文化自信和价值自信。价值引领是开展中华优秀传统文化教育的根基,其核心是让广大中小学生了解、学习和掌握五千多年中华文明发展积淀的精髓。

其次,强化实践引领。实践引领是中华优秀传统文化在中小学落地生根的重要方式。让学生在实践体验中产生思想共鸣和价值认同,深刻领悟中华优秀传统文化的精神内涵。《中华优秀传统文化进中小学课程教材指南》明确提出:"持续开展体验活动、主题活动,强化学生实践体认。"中小学生传承和弘扬中华优秀传统文化的最好方式就是注重实践养成。在实践中结合新时代发展要求,衔接古今,体悟中华优秀传统文化的精神内涵,达到"学思用贯通,知信行统一。"从而树立起传承、弘扬中华民族传统文化的坚定自信和强烈责任感。

再次,强化评价引领。《中华优秀传统文化进中小学课程教材指南》提出"建立评价标准和评价机制,确保中华优秀传统文化教育效果。"就是要让学生及时获得关于学习传统文化的反馈,改进后续活动。教师既要关注学生学习结果,又要关注学习过程,既要关注中华民族传统文化基本知识的掌握,又要关注技能、技艺与技巧,还要关注学生在学习中所表现出来的情感、态度与价值观等,将传统文化素养纳入综合素质评价指标。

　　作为一名基础教育的小学校长首先在思想上要高度重视优秀传统文化教育的重要性,要把这种思想传递给老师们。干部与师生达成共识,才能出现"知行合一"的局面;其次要有行动的落实,要将中华优秀传统文化教育纳入学校"十四五"规划中,在学校课程建设、学生实践教育等方面充分展现。传承优秀文化,坚定文化自信,是基础教育义不容辞的责任,更是小学校长的使命。

（写于2021年2月22日）

灿烂园林

◎ 春姑娘的六粒种子

有一首歌叫《时间都去哪了》。时间确实过得很快，一晃冬天即将过去，春天就要来临！在即将过去的这个冬天，同学们在老师的带领下攻克了学习上的一个个难关，每个人在学业上都有了进步；参加了一次次的活动，同学们的素质和能力都得到了提升。体育队列活动中整齐规范的步伐，首届英语节上生动、活泼的表演，迎接外国来访客人大胆、自信的表现，与全国名师在课堂中的灵活互动的表现，每一个场景都让老师为你们点赞，为有你们这样的师大附小学子而自豪。

新学期开始了，春姑娘悄悄地来到了我们的身边。昨天老师做了一个梦，梦见春姑娘让老师给大家带来一份礼物——六粒种子。春姑娘让我告诉大家，春天我们把它们种下，秋天就会收获。这六粒种子就是人格力、学习力、健康力、自主力、交互力、全球力。春姑娘已经把它们悄悄地放到了我们的校园里，希望春天我们能够看到它们长大。

2012年11月，党的十八大报告指出，倡导富强、民主、文明、和谐，倡导自由、平等、公正、法治，倡导爱国、敬业、诚信、友善，积极培育和践行社会主义核心价值观。今天我们升旗仪式的主题是"榜样精神伴我行，争做和谐附小小先锋"，这就是在用实际行动践行社会主义核心价值观。那么，我们师大附小的榜样是什么？我们师大附小的精神又是什么？就是要做人格健全的附小学子、要做具有学习能力的附小学子、要做身心健康的附小学子、要做会自我管理的附小学子,要做会与人交往的附小学子、要做有国际视野的附小学子！孩子们,海阔凭鱼跃,天高任鸟飞！让我们一起努力！一起奔跑！去追逐我们成长路上的每一个梦想！愿2016年我们每一个孩子都跑得更快！飞得更高！我们的梦想都能成真！

（2016年2月校长开学典礼讲话）

◎ 微笑迎全运,美德传校园

时间过得飞快,两个月的暑假生活结束了,我们又迎来了新学期。今天老师站在这里,看到一张张阳光、自信的笑脸,我坚信每位同学为新学期已经做好了充分的准备！新学期又有新老师加入我们的队伍,我建议大家以热烈的掌声表示欢迎,欢迎老师们！希望通过我们的努力,老师们能成为孩子们终身的良师益友！

今天的升旗仪式的主题是"微笑迎全运,美德传校园"！"微笑"是一个人素养的体现,它代表的是我们师大附小学子的阳光、热情与自信,我们要把它作为我们附小的一张名片,希望能处处、时时看到你们的笑脸！25日,我们附小100名学子用你们的笑脸参加了全运火炬传递活动,你们把附小的微笑名片带到了火炬传递会场！把微笑传递给了每一个人！我们附小还有另外两张名片——招手与问好！希望你们能把微笑、招手、问好这三张名片传递到你们走过的每一处！让这三张名片洋溢在附小校园的每一个角落！"美德"是我们每一个中国人要具备的优秀品质！如何做美德少年？我们身边就有榜样！希望更多的美德少年在师大附小涌现出来！最后老师们衷心希望你们能把附小"六力"核心素养践行在我们学习和生活中！

（2018年8月开学典礼校长讲话）

◎ 新起点，新目标，新变化

新起点。亲爱的孩子们，今天老师要送给大家三个"新"红包。第一个就是"新起点"。新学期的第一天是我们新的起点，希望每一位附小学子从今天起让"平安健康"围绕着自己；让"阳光快乐"照耀着自己；让"努力进取"鼓舞着自己，让新学期的每一天都过得充实有意义。

新目标。亲爱的孩子们，目标好比是大海中的灯塔，为航海的航船指明方向。在我们的学习和生活中如果没有了目标就会迷失方向。新学期大家要在自己心中设定新目标，那么我们的新目标应该是什么呢？2016年的新年升旗仪式上，我讲了春姑娘给大家带来的那六粒种子（人格力、学习力、健康力、自主力、交互力、全球力）。两年了，这六粒种子已生根发芽，师大附小的小苗苗们在茁壮成长，新学期我们仍然要将做人格健全的附小学子、做具有学习能力的附小学子、做身心健康的附小学子、做会自我管理的附小学子、做会与人交往的附小学子、做具有国际视野的附小学子作为我们新学期的目标。

新变化。希望通过我们附小全体师生的努力，让我们附小的校园越来越美丽；让我们附小的学子越来越优秀；让我们附小的老师越来越卓越；让我们附小的教育永远充满春天！我们期待着师大附小这些新的变化！

（2018年2月开学典礼校长讲话）

◎ 懂得感恩，再次出发

亲爱的孩子们：

你们即将离开小学的校园，走入每个人理想的中学校园，成为一名光荣的中学生，这意味着你们由少年儿童走入青少年的行列，老师祝贺你们！祝贺你们长大了！

毕业典礼是一个很有仪式感的活动,因此老师今天想说四句话:首先是感恩,你们要感恩从出生到上幼儿园到上小学父母对你们的养育之恩;二是感谢,感谢小学六年老师们从学习到生活对你们的培养、教育与关爱;三是感动,小学阶段应是每一个人在求学生涯中时间最长的一段经历,小学同学相处六年,在你们相处的过程中肯定有许多小感动,请大家记住这些点点滴滴;四是期待,前两天为迎接六一儿童节,三至五年级搞了一个很有意思的活动"时光寄语——写给未来的儿女的信",可以这么说,这几天老师们热议的话题就是这些信,我看了几封,很感动,我通过信看到同学们的成长、纯洁和善良,同学们对自己未来儿女都有期许、期待!虽然没让你们写这封信,但大家可以在心里默默地想一想,你们对自己未来的儿女有什么期待? 同样老师对你们也有期许与期待,老师期待你们在毕业前的最后一段时间把自己调整到最佳状态,老师期待你们珍惜在小学校园的最后一小段时光,努力做弟弟妹妹的好榜样;老师期待你们抓紧最后的这一小段时间努力学习,取得理想成绩! 老师期待你们每一个人都为小学的学习生活画上圆满的句号! 孩子们,为了你心中的梦想,老师会同你们一起加油努力!

(2019年毕业典礼校长发言)

◎ 老师我想对您说

9月10日,在温柔的秋风里,我们即将迎来属于老师的节日——教师节。人们常说,老师是平凡而伟大的,他们站在三尺讲台上教书育人、传道解惑,呵护着每个梦想茁壮成长。你是否想对成长路上的老师道一声谢谢,表一份感恩? 现在,机会来啦! 在第36个教师节来临之际,师大附小开展"老师,我想对您说"第五季主题活动,希望同学们认真阅读以下活动要求,用诚挚的心向老师们送出祝福吧。

活动内容：

1.老师，我想对您说

围绕"老师，我想对您说"的主题，同学们可以通过亲手制作小贺卡或手抄报、精心录制短视频等形式，向老师们说出你的心里话吧！

2.小手画恩师

亲爱的老师在你眼中是什么形象呢？现在，你们可以拿起手中的画笔，试着画个可爱的头像或者肖像画送给你喜欢的老师，大家看看有几分像呢？

3.我为老师颁奖状

老师为同学们颁奖已经习以为常。你见过学生为老师颁奖吗？今年这个教师节，给同学们一个反转的机会！同学们自制奖状，自设奖项名称，将你想对老师说的话寄托在奖状中，让我们来看看，谁的奖状最温暖、最独特吧！

活动后记：

"老师，我想对您说"是我校从2016年开始，每年教师节都要进行的经典活动内容。"教师节"不仅仅是在9月10日这一天在全社会营造尊师重教的氛围，让孩子们在这一天向老师道一句"您辛苦啦！"这么简单。更重要的是让教师利用好"教师节"这个节点，重新思考与定位"教师"这一职业的责任与使命以及工作中新的增长点。而教师教育的对象是学生，教师要耐心倾听孩子的声音，让孩子们畅所欲言，表达心声！这即是心灵的沟通，更是教师领悟教育真谛的时刻，这才是德育的价值！

（"老师我想对您说"主题活动——第五季校长动员）

◎ 带着国旗去旅行

71年风雨兼程，

71载岁月如歌，

我和我的祖国,一刻也不能分割。

无论我走到哪里,都流出一首赞歌。

"带着国旗去旅行"。

2020年10月1日,我们的祖国迎来71岁生日,在这举国同庆、奋进追梦的时刻,师大附小邀请同学们参加"带着国旗去旅行"第五季主题活动。

活动内容:

1.我和国旗合张影

同学们系上红领巾,手持小红旗,利用十一假期,可以去探索天津的靓丽风景,感受天津的优秀传统文化,寻找天津的巨大发展变化,参观爱国主义教育基地等等。找到一处你认为最有意义的景观,打开相机和手中的国旗一起同框合影吧!

2.我为祖国送祝福

国庆节是我们伟大祖国母亲的生日,让我们一起来为祖国庆祝,一起为祖国送上祝福。同学们可以以为祖国送上祝福,也可以为祖国唱首歌,或者是赞美祖国的诗歌朗诵等形式,向祖国表达你的祝福吧!

3.我向国旗敬队礼

寻找附近或者旅途中的国旗,面向国旗立正,敬一个最标准的队礼,拍一张照片看看谁的队礼最认真!

活动后记:

爱国主义教育是需要载体和媒介的,而"带着国旗去旅行"恰恰是对小学生进行爱国主义教育最佳的载体和活动方式。此活动是我们从2016年开始连续五年每到国庆期间就要开展的经典主题活动,不仅深受孩子们的喜爱,同时也得到家长的充分肯定。孩子们在游览祖国大好河山的同时感受祖国的伟大与强大,领略祖国各地的风土人情与优秀传统文化的博大精深。我想爱国之情会油然而生的,这也是我们将此项活动坚持数年的动力,因为我们收到了"惊喜",收到了意想不到的教育效果。五年来参加活动的人数在逐年增加,到2020年参加活动的孩子已经达到95%。我们的一位家长在公众号留言中说:"空洞的说教不会留痕,留痕的教育是会渗透到孩子们的骨髓中的,而师大附小的教育活动会让孩子终生难忘的。"是啊,我们的教育应该追求的是"留痕"的教育,是能渗透在孩子们的血液中、骨髓中的教育,是让孩子一生都不会忘记的教育!这也是一名小学校长要为之倾尽全部心力去努力追求的教育。

("带着国旗去旅行"主题活动——第五季校长动员)

◎ 楷模精神伴我行

创建具有周恩来精神特色班级,要以书香氛围浓厚、环境优美整洁、关注孩子的全面健康成长为目标,对学生进行德育渗透和班级文化管理。通过开展丰富多彩的"学习周恩来"系列活动,让周恩来总理的伟人精神内化于学生的心田,为其一生发展奠基。

1.打造墙面文化

墙面文化是教室文化的主打阵地,能借方寸之墙大展鸿鹄之志。这次活动要以"楷模精神伴我行"为主题打造教室墙文化。

精神之一:积极进取的精神。年仅13岁的周总理就庄重地确立了"为中华之崛起而读书"的坚定信念。为了追求真理,虽几经反复,但毫不气馁。对共产主义坚信不疑,体现了他追求真理,崇尚理想的执着精神。

精神之二:刻苦好学的精神。周恩来一生酷爱学习,且善于学习,学以致用,不断丰富自己,改造自己,进而改造社会。

精神之三:甘当公仆的精神。周总理的一生是为人民服务的一生,他视为人民服务为自己工作的出发点和毕生的追求。他一生节俭,高风亮节。

2.打造黑板文化

要真正把教室的小黑板变成"学习周恩来总理"宣传阵地。各班级可以分小组利用小黑板将总理的名言警句进行整理和摘抄,让总理精神永远指引师大附小学子前进。

3.打造形象文化

学习楷模精神,弘扬新时代"周恩来精神",培养学生良好的精神面貌,是一个系列工程。老师要在思想上疏通、方法上引导、细节上督促学生。形象——面必净,发必理,衣必整,纽必结;姿态——头容正,肩容平,胸容宽,背容直;气象——勿傲、勿暴、勿怠;颜色——宜和、宜静、宜庄。精气神的形成不在一朝一夕,而在千锤百炼。

4.打造班会文化

2020年我校通过多期德育防护小课堂引领学生厚植爱国主义情怀,以周恩来总理为人生楷模,向新时代楷模致敬! 以此为契机,学校多次号召各班召开线上班队课,致敬"最美逆行者",收到了良好的教育效果。推进"楷模精神伴我行"活动,定期召开班会是一个很好的途径,希望各班级继续坚持和巩固,打造好各班的班会文化。

5.打造志愿服务文化

学习和继承伟人精神,不仅要树立爱国情感,还要学会关爱他人,这是一项最基本的要求。爱自己、爱父母为小爱,兼爱天下,方为大爱。因此要充分利用好学校"花Young童年志愿服务队",做好志愿服务。

6.打造星文化

以评选"楷模精神之星"为载体,将"学习周恩来总理"小楷模推选出来,让孩子们感受到身边就有小榜样。

7.打造书香文化

以"阅读在附小"读书节活动为契机,在学生中广泛开展阅读关于周总理撰写的书籍和总理的故事等,制作快乐读书卡、读书笔记等,记录学生在总理精神指引下成长的足迹。

这种力量鼓舞着我们每个人,让学生的童年在创新、创造、奉献中发光发亮,逐梦青春、扬帆远航。为了孩子的健康成长,让我们一起努力!

（创建周恩来班校长动员）

思想旅程

◎ 美丽的宝岛台湾——学访体会

2017年10月12日—17日,我们一行8人参加了两岸城市教育论坛活动。活动期间我们参访了大中小学校、参加了论坛活动,收获颇丰,现将学访体会汇报如下:

1.学习台湾教育工作者对待教育认真的态度

在此期间我们聆听了两场报告,两位年轻的教授将所有的教育理想、教育思想、教育理论、教育观念都融入于心、融入于脑,让我们感受到了两位教授执着的精神,认真的态度。我们走访的五所学校的校长、老师、家长,详细介绍了学校的每一个角落,让我们再次感受到台湾教育工作者对待教育工作认真的态度。

2.学习台湾教育先进的理念

此次论坛的主题是:"科技眼界、学习无界、教育无限",因此各位专家、教育同仁都围绕着程式教育、创客教育、科技教育来谈做法,让我们受益匪浅。台湾大学一位教授的报告更是让我们很震撼:"For the student! By the student! Of the student!"的教育思想让我们再一次意识到:我们的教育中心是学生,我们的一切教育活动要为学生服务!将"游戏"引入大学教学中的大胆创新做法也发散了我们思维。另外一位老师的发言也非常的有意思:将信息科技课程与生活科技相整合,让学生由模仿开始,然后慢慢到整合、建构、实操、创造、创新。从幼儿园直至小学六年级对编程课程都有规划:幼儿园主要是 LEGO We Do 体验课程,让小朋友对于序列、事件、平行有初步的概念,并结合实体机器人进行输出;小学三四年级进行线上课程的引导,学习程序设计的流程与逻辑的判断,并让学生学会完成线上课程所指定的任务;五年级正式进入 Scratch 课程,让学生通过动画或游戏能撰写较为复杂的程序,同时与数学等学科跨领域整合;六年级主要让学生结合生活科技课程进行专题制作,并尝试进行程序控制无人机、人工智能小专案等。围绕上述规划,以问题入手,设计问题引导学生进行思考,教会学生如何发现问题、如何通过问题来搜集资料,然后再通过这些资料来进行专案制作。通过这次学习考察我们能深深感受到各地对教育的关注点是一致的——那就是以学生为中心关注学生的问题意识,关注学生的创新思维。

3.学习台湾教育的注重细节

在此期间我们走访了台湾大学,静谧的校园、每一个小提示语都透着温度与温暖。高雄凤西中学,每一项活动、每一处景观、每一张幻灯片、校长讲的每一句话、每一个故事都能感受到学校"以爱灌溉,用心经营"的办学理念。新北崇林中学,老师们是一支善于研究的团队,他们能把在网上淘到的最省钱的小仪器放在教学中并发挥大作用。桃园元生小学,"乐观、温馨、创意、卓越"的办学理念以及扎实深入的品格教育给我们很多启示,最为凑巧的是这个小学的第一任创始人,数十年以后以第五任校长的身份又回到学校,很好地体现了学校文化的传承与发展。此次学访之行印象最为深刻的是远离中心城区只有150人的新北屈尺小学,具有亲和力的校长带领她的团队,充分借助当地资源,充分挖掘办学特色,因地制宜将课程开设得有声有色。短短的两个小时让我们一下子就记住了屈尺,感受到了屈尺的美好时光和屈尺要达到的育人目标——创造力、学习力、行动力！

4.学习台湾教育充分发挥家长团队作用的做法

印象最为深刻的还有他们的家长团队。家长参与学校的管理、教育教学等工作中,共同建设学校。尤其是新北屈尺小学的木工课程,学校因这个课程而特色更加凸显,而课程的设计者、实施者正是屈尺小学的一名家长。

七天的时间虽然短暂,但给我们留下的印象是深刻的,此次学访的收获将会应用到学校的建设中,让我们的学校越来越美丽、越来越科技、越来越有温度！

◎ 赴苏格兰中小学孔子课堂考察

2018年9月25日—29日,与部分市教委直属中小学、和平区部分中小学、河西区部分中小学的书记、校长赴苏格兰格中小学孔子课堂进行考察学习。活动期间,大家参观了苏格兰格中小学孔子学院办公室、三所学校并观摩了他们的孔子课堂,收获颇丰,现将考察学习体会汇报如下:

1.要努力做"推进中国同世界各国人文交流"的使者

在参观期间每到一处都能感受到苏格兰校长、老师、孩子们对于学习中文的热情,对于中华传统文化的热爱、对于美丽中国的向往,因此"我是中国人"的骄傲感油然而生。语言是了解一个国家最好的钥匙,孔子学院是世界认识中国的一个重要平台。作为中外语言文化交流的窗口和桥梁,孔子学院和孔子课堂为世界各国民众学习汉语和了解中华文化发挥了积极作用,也为推进中国同世界各国人文交流、促进多元多彩的世界文明发展做出了重要贡献。因此作为中方的孔子课堂,感到肩上责任的重大,我们要树立大格局的教育观——不仅仅只是为外方输送能教中文的教师,更应输送的是传播中华灿烂文化的使者。因此我们要为传播文化、沟通心灵、促进世界文明多样性做出我们的贡献。

2.学习苏格兰教育工作者对待教育工作专业的精神

在此期间聆听了孔子学院中方、外方两位院长关于苏格兰教育现状以及苏格兰各个地区的孔子课堂的建设情况。中外双方院长对苏格兰政府对教育目标的设定、整体的规划、现状的分析、教育的理念、学校的状况、课程的设置都烂熟于心,真是值得敬仰与佩服。敬仰与佩服他们对于教育深度的热爱、对于教育精准的定位、对于孔子课堂建设执着的追求、对于促进中华文化与文明精神向世界传播的信心与决心。让我们对"中国的校长要努力做专家型的校长"有了更加坚定的想法与决心。走访的三所学校的校长、老师、孩子将学校的每一个角落、每一个细节、每一个理念、每一个课程都详细展示,让我们再次感受到苏格兰教育工作者对待教育工作的热爱与认真的态度。

3.苏格兰教育理念对我们教育的启示

(1)苏格兰政府提出"贫富目标的缩小"对我们教育的启发

苏格兰政府提出的五大教育目标的第一个就是"富有共享"。政府提出一系列的教育政策与教育措施促进这个目标的实现与达成,因为苏格兰政府意识到"教育是缩小贫富差距的唯一途径"。正如2015年习近平总书记考察延安杨家岭福州希望小学时讲道:"教育很重要。革命老区、贫困地区要脱贫致富,从根儿上是要把教育抓好,不能让孩子输在起跑线上。国家的资金会向教育倾斜、向基础教育倾斜、向革命老区教育倾斜。"中英虽是不同的国度,但我们的教育方针是一致的:那就是"唯有教育可以改变贫困!"南开区所处的环境虽然没有如此大的贫富差距,但要满足每一个老百姓的孩子上好学校愿望,还是任重道远的! 这就要求校长要努力办学、专心办学、办百姓满意的学校,要努力缩小办学条件、师资队伍等的差距,让每一所学校都能均衡发展,让每一个孩子都公平享有优质教育的权利。

(2)苏格兰政府提出的五大教育目标对我们教育的借鉴

"富有共享、理智聪明、全民健康、安全、绿色"是苏格兰政府提出的五大教育目标。这正与《中国学生发展核心素养》提出的三个方面、六大素养、十八个基本要点相吻合。正如格拉斯哥卡伦小学校长在与我们交流时谈道，"中国与苏格兰教育一样吗？"我们的回答是："有一部分是一样的"。我们想虽然中英国度不同、文化不同，但大家都根据自己国家的历史、现状、未来提出了各自的教育目标，我们觉得这就是中英教育一致的地方吧。在参观中小学校时，校长们都谈到在五大教育目标下各自学校的教育目标，我想这应是我们国内教育需要加快脚步的地方。《中国学生发展核心素养》出台后，每个学校因所在地域不同、历史文化不同、教育现状不同，应将《中国学生发展核心素养》进行校本化的表达。目前少数学校有自己核心素养标准，但大部分学校还没制定，这应是我们要弥补的内容。

（3）苏格兰的课程引发的对我们课程建设的反思

在考察期间，我们听了中学的英语课、数学课、语文课、美术课以及小学的英语课与科学课。苏格兰的英语课就相当于国内的语文课，让我们反思很多。他们更多关注的是孩子们运用语言的能力，而不是把重点放在语言的分析上。我们学习语言，更多的是为今后的应用。这就需要我们的语文专家、行政领导与语文教师共同探讨这个话题。格拉斯哥山岭中学的美术教师和他的学生们给我们留下了深刻的印象。孩子们正在准备高三美术类一个等级考试，每一名孩子要在教师的指导下准备一个大型的展牌。孩子们自己制作画框、制作画纸，自己根据各自的家庭情况、自己的爱好设计展牌，同时这个展牌要呈现出从设计意图到设计过程到设计结果的全部内容。其中一个小姑娘画的都是自己从小到大最有趣的照片，我们把照片与成画进行对比，堪称完美。另一个漂亮的小女生的展牌上呈现的都是妈妈的照片以及妈妈的服饰品，我们问她："You love your mother best?"她大声回答："Yes!"孩子们作品折射出苏格兰的教育理念——自主与创新！另外小学的科学课则让我们体会到的是学科的融合，这也是我们小学课程建设中需要学习与借鉴的。

(4)苏格兰以"学生为中心的教育"对我们教育理念的触动

我们在参观格拉斯哥山岭中学的全过程,没有校长与老师,就是3个会中文的学生全程陪同。他们给我们介绍学校的办学精神、学校的 Head Teacher 团队、学校的环境、学校的活动以及学校多元包容开放的文化,对我们触动很大!让我们感受到了学生是教育的中心。在国王公园小学我们看到的每一个细节、每一个孩子、每一个活动都深深镌刻着"儿童站在学校的正中央"这几个字!在卡伦小学正赶上一年一度的为艾滋病患者捐款义卖活动,孩子在家长们的帮助下提前做好蛋糕、甜点等食品,孩子们自己搭柜台、摆蛋糕和甜品,定价钱,购买这些东西的则是家长和周边社区的邻居们,场面热烈、有序、温馨。我想这就是教育的真谛吧!

(5)凯尔特人足球俱乐部给我们足球训练的启示

在此期间还有幸聆听凯尔特人足球俱乐部负责人对孩子们足球训练的相关内容,受益匪浅。让我们感受到的是对孩子的足球训练不仅仅停留在战术上,更多的是足球文化以及足球精神的涵养!我们想这也应成为国内校园足球训练的必修课!

五天的时间非常短暂,但给我们留下了深刻的印象。今后我们将秉承着学习、反思、实践、再学习的精神,将此次考察学习的收获应用到今后的工作中。让"世界在我眼里、我在世界怀里"的教育理念扎根在每个孩子心中!

◎ 赴上海学习培训考察体会
——参加南开区小学校长高级研修班学习

2018年10月20日—27日,与南开区其他小学校长一同赴上海参加高级研修班。培训期间聆听了六场上海教育专家的讲座,走访了三所上海最优秀的学校,收获颇丰,现将培训学习考察体会汇报如下:

1.上海专家的讲座犹如一场场"头脑风暴",让我们仰慕与反思

六场讲座让我们感受到国际大都市教育的前沿、开放与包容,让我们仰慕,但更多的是自省我们的教育。

(1)反思我们的教育到底应该培养什么样的人

上海市教育委员会教学研究室纪明泽老师讲:"社会多样化的发展需要多样化的人才,那么我们的教育就应培养具有独立个性且全面发展的人才,而每位学生,都有成才的潜质。"我们从老师的话中可以悟出到底要培养什么样的人,而适应社会多样化发展的人才,需要多样化的学校来培养,在这样的学校里必须具备能够发现学生需求的校长和老师,因此校长的工作任重而道远。纪明泽老师还说,"过去我们讲到教师要有一桶水,是讲教师学历文凭达标,而后来讲到教师的这桶水还可以倒出来,就是对教师的要求从文凭到能力,而现在需要教师知道学生需要几杯水,就是说教师要以学生的需求为导向。"因此校长也需要按教师成长规律和需求做好培训、培养与培育,经历过这三个阶段成长起来的老师才知道学生真正需要几杯水。同时纪老师谈到的好学校的标准即"学生喜欢、学有所获、天天进步",这对我的触动非常大,这也应该是今后我要努力的目标与方向。纪老师讲到的"五个坚持多看看",我也是受益匪浅的,"多看看头顶(与国家教育方针政策对标对接)、多看看脑后(时常思考工作中的问题)、多看看眼前(正确认识现实的状况)、多看看手中(要有治校的招数)、多看看脚底(确保走正确的教育改革之路)。我想如果五个多看看能够做到,不愁建设不出一所优秀的学校的!培养多样化的人才也不是不能实现的!

(2)反思我们在核心素养下的学校课程建设

此次培训六位专家讲座都提到中国学生核心素养、学科核心素养以及在学科核心素养下的学校课程建设,很有启发,但也觉得学校课程建设之路非常艰难。

上海教育学会会长尹后庆讲道:"课程是孩子在校学习的全部,课程就像海洋一样浸润孩子的生命。"让我们坚定了要做好学校课程的决心。尹会长也帮助我们分析了现在教育的现状:"让孩子把学科作为符号记忆,而忽略了课程背后的人文精神和人文情怀。基本知识、基本技能、基本技术可以适应过去工业化的社会,现在社会发展需要人的核心素养的提升。"现在的教师状况:"教师经常是从学科的整体来看一节课的设计,往往忽略知识与技能背后的人文精神。"尹会长直戳我们教育的"痛点",让我们深深感受我们必须要做出改变,首先应该改变的是思想,只有思想变了,才会带来行动的转变,才会有不一样的课程和受孩子欢迎的学校。尹会长深入浅出的讲解让我对核心素养有了更深刻的认识,也帮助我理清了我们在做学校课程过程中遇到的一些困惑的问题和产生的一些模糊的概念。

上海市徐汇区教育学院姚秋平老师讲的"如何将国家层面的规划和设计转化为适合本校学生学习需要的创造性实践的五个做法,即课程标准的细化、教材的校本化处理、学校本位的课程整合、教学方法的综合运用和个性化加工、差异性的学生评价等多样化的行动策略。"从中可以寻找到我们现在正在做的"融合课程"理论的支持和实践的指导。

华东师范大学课程与教学研究所崔允漷教授则直接指向学科核心素养的教学与评价。崔教授讲:"学科核心素养是超越于知识的能力,是价值观,是关键能力和必备品格。"同时他也讲到学科核心素养的意义:"与立德树人、核心价值观对标对表,不再是'两张皮'"。崔教授还以语文学科为例指出,学科核心素养让老师们从忙于"教语文"到明白"为什么教语文",素养就是让老师关注课程背后的内容。崔教授让我们再一次明确了今后课程改革的发展方向,那就是要研究学科核心素养下的学校课程建设。同时崔教授还将如何将知识技能转化为素养,很形象地用"学习交规、开车技能,到模拟路考(情景),到模拟考后反思,到获取驾照后独立上路开车,到数年后具备不同素养的司机(驾驶素养、安全驾驶、礼貌行车、尊重生命)。"生动的例子告诉我们教学必须有情境,没有情境的教学培养出的学生只能是高分低能,在情境中教学才能形成学生的关键能力、必备品格与价值观念。同时又很形象地用剃头(基础知识与基本技能)、理发(三维目标)、美发(学科核心素养),做头发的三个发展阶段来说明我们的教育要从过去的单纯教书到现在的育人。形象生动的举例让我们茅塞顿开,豁然开朗,也让我们坚定决心要立足校本、生本,来研究学科核心素养下的学校课程建设。

年轻有为的王涛博士则在教学研究,尤其是如何进行国际理解教育、如何培养国际理解素养上为我们指点迷津,让我们在构建国际视野教育课程上有了方向。

2.学习上海优秀校长对待教育工作专业的精神

考察的三所学校,给我们留下深刻印象的不仅仅是他们美丽的校园、精彩的课程、个性张扬的孩子,最主要的是他们对教育的专注与热爱。三所学校的书记、校长、老师对学校文化的理解、对办学特色的讲述、对学校课程介绍都是娓娓道来,无不显现出上海教育工作者做教育的专业、专心与专注,他们的这份专注也感染着我们、激励着我们。

(1)学习上海实验小学"对学校文化的传承、发展与创新"

上海实验小学的书记和校长的发言都能让我们感受到百年老校是如何在传承中发展,在发展中创新的。尤其是杨荣校长,她干练、内敛、低调,但是办学校的大格局给我们留下了非常深刻的印象。如何传承百年教育之"神",凝聚于学校,让学校成为儿童幸福的起点,从教师队伍建设、学校课程改革做了详细的介绍,也给了我们很多启示。今天即使科学技术高度发展,教师的作用依然无可替代,教师是学生成长的引路人、教师是学校的第一资源、教师奠基学校;学校成长之"源"在课堂,从课堂主动的"应变"中推动改革、折射办学理念、构建学校特色、体现办学效益、见证师生成长。

(2)学习江苏路第五小学"多元、开放的学校课程"

江苏路小学的学校课程就如同她的校长一样温婉与洋气。在"和谐教育"办学思想的引领下,形成了"为每个学生创设适合他们更好发展的和谐教育"的办学特色以及"可选择、有效、快乐"的课程理念。从基础性课程(基于课标、落实核心素养、贯彻绿色指标、适合校本实际)、拓展性课程(高质量、多样化、可选择、有平台)、探究性课程(联系生活实际、推进学科整合、体现导学结合、渗透立德树人)三个领域来构建。这些课程构建的原则为我们学校正在完善的学校课程建设提供了宝贵的可供借鉴的经验。在不突破国家意志的学校课程计划下做的课表的改变也为我们进行课程建设中遇到的难点问题提供了可以学习的操作方法。"紫藤成长册"让我们找到如何对学生进行过程性评价的路径。

(3)学习上海市静安区第一中心小学"学校处处有教育的个性化发展思路"

张敏校长的发言无不体现出对学校管理的睿智与艺术、大胆与个性。"谋划尊重共性为前提的教育特色,让学校找准发展的路子"——"我为学校发展出金点子"活动,体现了张校长的校长领导力——刚柔并济,既有原则又有艺术,大家不仅仅是佩服更是学习。"现代小公民"体现的是处处有教育、处处是课程。"现代小公民"的六要育人目标(好奇、自信、关爱、感恩、合群、梦想)则是学生核心素养的充分体现;"六会"(健体、生存、发现、欣赏、表达、合作)则是"现代小公民"与外在世界的沟通和行为方式的表现。"六要、六会"与我校的"六力"核心素养有异曲同工之处,在实施策略与路径上给我们提供了很多很好的方法。

八天的时间非常短暂,但给我们留下了深刻的印象。我们将秉承着学习、反思、实践、再学习、再实践的精神将此次考察学习的收获应用到今后的工作中。让"聚焦核心素养、提升发展内涵"践行在我们的工作中,体现在学校的发展上。

◎ 与优秀的学校课程对话

——参加第三届全国中小学品质课程研讨会

2018年11月18日—19日,第三届全国中小学品质课程研讨会在南京市人民大会堂举行,来自全国各地的课程领域专家、教育行政领导以及一线学校校长、骨干教师约2000余人齐聚南京玄武。

本次大会围绕"走向学科深处的课程变革"这一主题,通过"视界·课程发展""交锋·课改观点""高地·课改实践""阅悟·课程场景""聚智·区域经验"五个板块内容为与会者呈现了一场高品质的课程盛宴。

在"聚智·区域经验"板块中,来自上海、南昌、西安、海南、沈阳等地教育研究部门研究员、中小学校长从"整体设计""特色聚焦""学科深处""区域智慧"等分享区域与学校推进学校课程深度变革的探索与实践。我也很荣幸在大会上做题为《放眼世界厚植素养合力教育之课程样本》的发言。我从"合力教育"课程背景、课程目标、课程框架、"合力教育"别有洞天四方面进行介绍。学校行走在学校课程建设的路上,凭着一股激情,积极实践、细心求证、大胆探索。"放眼世界,厚植素养"是师大附小人不断追求的目标! 我的发言也得到与会代表的一致好评。

同时,本次会议中,经全国品质课程联盟主席团会议讨论批准,我校被评为全国品质课程联盟实验学校。

后　记

完成这本书初稿的瞬间,我的心里充满的是感激和感恩。

我总是心存感激地想,我能有幸成长在一个鼓励成才、鼓励创造的年代,能让我步履轻盈地行走在教育路上。我心中充满阳光,为教育准备了理想、智慧、激情、诗意和力量。我在对教育的不断求索与感悟中,能更深刻地解读与升华着生命意义,这是多么幸运啊!

我感激追梦路上遇到的"贵人"。1988年我参加工作,上班的第四年就被评选为"市级老带青双优教师",曾经两次在黄河道影院做全国多媒体教学展示课,24岁光荣地加入中国共产党,26岁被送到南开区青年干部培训班学习。这一路走来非常感谢睿智的"小老头儿"兰宇光校长给我搭设的成长舞台,让我尽情"绽放"!为我日后做校长工作奠定了坚实的基础。

感谢南开区教育局历任书记、局长能够"慧眼"识人,一次次把我放在更高的平台发展,让我距离专业型校长越来越近。

感谢天津师范大学丰向日教授、董树梅副教授将我带入以理论科研引领学校发展之路。这条路虽然很艰辛,但是最具生命力,让我有了更多的机会与"高人"对话、与"慧人"为伍,他们引领着我对校长之路有了更深层的思考与实践。

感谢"忘年交"的温秀兰校长,她是我在前两所学校的专职督学,见证了我做校长后的成长。她走进学校和我一起研究学校的劣势和优长,帮助我们取长补短,帮助我们挖掘学校的特色,帮助我们梳理学校文化……用她的智慧和能力竭尽全力帮助我们这些青年校长成长。

感谢多年来一直在我身边的教职员工们!是他们的信任与坚守,给了我一个值得为之奋斗的家。是他们的包容与理解,让我在困难面前无所畏惧。是他们的勤奋与敬业,给我永远全速前进的动力与信心。

感谢三十年来,快乐成长的一批批学子们,是他们让我收获了最为灿烂的人生。还要感谢所有帮助过我的朋友们,他们是我生命中的一缕清风,一束阳光,一起描绘出我行走之路上美丽的风景!

最后感谢南开教育这片沃土,她是培育我从幼苗长成参天大树的乐园。

谢谢你们!我爱你们!

王敏